SOCIÉTÉ DES AMIS DES ARTS
DU HAVRE

EXPOSITION DE 1887

Du 30 Juillet au 23 Octobre

Sous le Patronage de M. le Maire de la Ville du Havre

PRIX : 50 CENTIMES

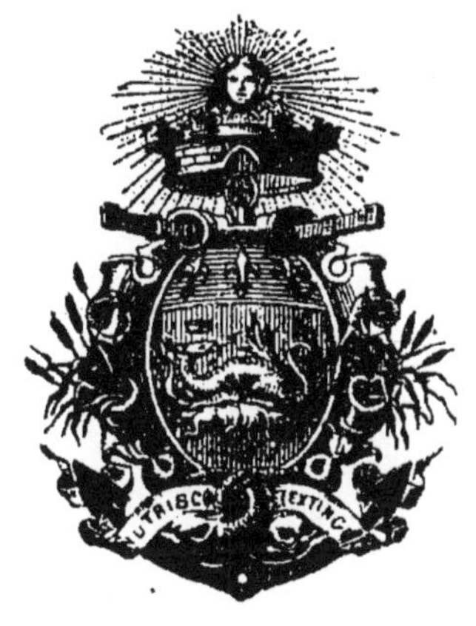

HAVRE
IMPRIMERIE DU COMMERCE
3, RUE DE LA BOURSE, 3

SOCIÉTÉ DES AMIS DES ARTS

DU HAVRE

EXPOSITION DE 1887

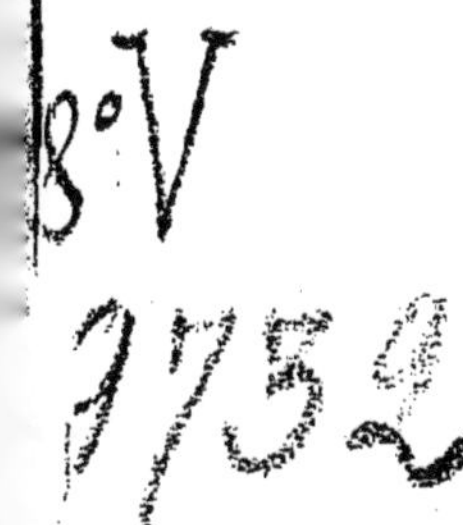

SOCIÉTÉ DES AMIS DES ARTS
DU HAVRE

EXPOSITION DE 1887

Du 30 Juillet au 23 Octobre

Sous le Patronage de M. le Maire de la Ville du Havre

EXPLICATIONS

DES

OUVRAGES DE PEINTURE, SCULPTURE, DESSINS, GRAVURES & FAIENCES

DES ARTISTES VIVANTS

Exposés dans les Galeries de l'Exposition

PRIX : 50 CENTIMES

HAVRE
IMPRIMERIE DU COMMERCE
3, RUE DE LA BOURSE, 3

AVIS

L'Exposition sera ouverte tous les jours de dix heures à six heures 1/2.

Pour tous les jours de la semaine, le prix d'entrée à l'Exposition est fixé à **50 centimes** par personne.

Les deux derniers Dimanches, l'entrée sera gratuite.

ABRÉVIATIONS

Les lettres **H. C.**, indiquent les artistes hors concours à l'exposition de Paris, c'est-à-dire, ceux qui, décorés pour œuvres d'art, ou ayant obtenu une 1re ou une 2e médaille, ne peuvent plus obtenir que la médaille d'honneur.

EX., Exempt, s'appliquent aux artistes dont les œuvres sont reçues sans examen.

A. ❦, Officier d'académie.

I. ❦, Officier de l'Instruction publique.

O. ✵, Officier de l'ordre de la Légion d'honneur.

✵, Chevalier de l'ordre de la Légion d'honneur.

Les numéros rouges correspondent au livret du Salon du Havre.

Les numéros noirs sont ceux de celui de Paris.

LISTE DES MEMBRES

FORMANT LE

CONSEIL D'ADMINISTRATION DE LA SOCIÉTÉ

BUREAU :

Sous le Patronage de M. le Maire de la Ville du Havre.

MM. JULES RŒDERER, *Président d'Honneur.*
T. HUCHON, *Président.*
L. HALLAURE, *Vice-Président.*
PLATEL, *Secrétaire-Archiviste.*
MALAIS, *Secrétaire-Adjoint.*
REGNIER, *Trésorier.*

MEMBRES ADMINISTRATEURS

MM. BENNER (J.).
BERCHUT (V.).
BONVOISIN.
COURANT (M.).
DUFFIEU.
FEHR.
DUSSEUIL.
JEANNIN (G.).
LAUNAY.
LEGER (H.).

MM. LHULLIER.
KERDYK.
MARTIN (F.).
MASQUELIER (E.).
NOEL (A.).
PELLOT (CH.).
SOUQUE.
STEVENS (ALF.).
THÉBERGE.
VIDAL (R.).

COMPOSITION DES JURYS ET COMITÉS

1er COMITÉ

ORGANISATION — PLACEMENT

MM. HUCHON, *Président.*
PLATEL, *Secrétaire.*
BONVOISIN.
FEHR.
LHULLIER.
MARTIN.
SOUQUE.

2me COMITÉ

SOUSCRIPTIONS — LOTERIE

MM. REGNIER, *Président.*
FEHR, *Secrétaire.*
KERDYK.
BERCHUT.
DUFFIEU.
DUSSEUIL.
LÉGER.

3me COMITÉ

INVITATIONS AUX ARTISTES — EXAMEN

MM. HUCHON, *Président.*
PLATEL, *Secrétaire.*
BENNER.
COURANT.
JEANNIN.
LÉGER.
LHULLIER.
MALAIS.
PELLOT.
SOUQUE.
STEVENS.

PEINTURE

ACCARD (Eugène), né à Bordeaux, élève de L. Cogniet, — boulevard Poissonnière, 14.

1 — *Adieu Bébé.*

2 — *Les deux placets.*

ACHILLE-FOULD (Mlle Georges), née à Asnières, élève de M. L. Comerre, — rue de Rome, 8.

3 — *Marchande de plaisirs (étude de tête).*

ACLOCQUE (Paul-Léon), né à Montdidier, élève de Bluhm et Picot, — rue Boissière, 38 *bis.*

4 — *Portrait de M. L***.*

ALLONGÉ (Auguste), né à Paris, élève de M. L. Cogniet, — , — rue Notre-Dame-de-Lorette, 44,

5 — *Étude de bouleaux; panneau décoratif.*

AMANDRY (Mlle Marie), née à Aumagne (Charente-Inférieure), élève de M. Furcy de Lavault, — La Rochelle, rue Gargoulleau, 32 *bis.*

6 — *Fleurs de printemps.*

ANCILOTTI (TORELLO), né à Florence, élève de l'Académie de Florence (Italie), — rue Pigalle, 66.

7 — *Études militaires.*

8 — *Un bon achat.*

APPIAN (ADOLPHE), né à Lyon, élève de Corot et de Daubigny. — **EX.**, — Lyon, villa des fusains.

9 — *Avant la pluie, dans les marais de Virieux (Ain).*

APVRIL (EDOUARD D'), né à Grenoble, élève de l'École des Beaux-Arts et de M. Cottavoz, — à Grenoble, place de l'Étoile, 2.

10 — *Une école.*

ARBORELIUS (OLOF), né en Dalécarlie (Suède), — à Stockolm, Riddargatan, 27.

11 — *Une ferme de Dalécarlie.*

ARMAND-DUMARESQ (CHARLES-ÉDOUARD), né à Paris, — **H. C.**, — O. ✻, — rue d'Offémont, 3.

12 — *Portrait de Washington.*

AROSA (Mlle MARGUERITE), née à Paris, élève de MM. Amand Gautier et Barrias, — rue de Prony, 5.

13 — *La barrière.*

AUGUIN (LOUIS-AUGUSTIN), né à Rochefort (Charente-Inférieure), élève de MM. J. Coignet et Corot. — **H. C.**, — Bordeaux, rue de la Course, 67, et à Paris, chez M. Dubus, boulevard Malesherbes, 60.

14 — *Une source en Saintonge.*

15 — *Landes de Gascogne.*

AUBLET (ALBERT), né à Paris, élève de Jacquand et de M. Gérome, — **EX.**, — à Neuilly, boulevard Bineau, 75.

16 — *La petite marquise.*

AVIAT (Jules-Charles), né à Brienne-le-Château, élève de MM. Q. Hébert, Bonnat et Lafrance, — **EX.**, — rue de St-Pétersbourg, 32.

17 — *Vieille fontaine au printemps.*

18 — *La dîme.*

BAILY (Mlle Marguerite), née au Havre, — avenue Trudaine, 25.

19 — *Coin d'atelier.*

BAIXERAS VERDAGUEZ (Dionisio), né à Barcelone, élève de l'Académie de Barcelone, — à Barcelone, rue Rond de San Pedro, 37.

20 — *Bonheur.*

BARABAN (Mlle Blanche), née à la Petite-Pierre (Alsace), élève de MM. Combe-Velluet, Furcy de Lavault, Henner et Carolus-Duran, — à Niort, rue St-Maixent, 16.

21 — *Bourriche de chrysanthèmes.*

BARBÈRIIS (Eugène de), né à Marseille, élève de MM. Berne-Bellecourt, T. Robert-Fleury et Bouguereau, — Château d'Egreville (Seine-et-Marne).

22 — *Les sablières abandonnées.*

23 — *Bastide provençale.*

BARBIER (Mlle Jeanne), née à Paris, élève de MM. Carolus Duran et Henner, — rue Pergolèse, 48.

24 — *La sieste.*

25 — *La marraine.*

BARBIN (Raoul), né à Paris, élève de M. Benjamin-Constant, avenue Trudaine, 17.

26 — *Mariée kabyle se rendant à la demeure de son époux.*

27 — *Boudeuse.*

BARILLOT (Léon), né à Montigny-lès-Metz (Lorraine), élève de M. Bonnat, — **H. C.**, — Rue de La Tour-d'Auvergne, 16.

28 — *Bords d'étang par une matinée d'été.*

29 — *La vache rouge.*

BARRIAS (Félix-Joseph), né à Paris, élève de M. L. Cogniet, — **H. C.**, ✻, — rue de Bruxelles, 34.

30 — *Petit frère et grande sœur, souvenir de Tetouan (Maroc).*

31 — *Guitarrero — Sierra Morena (Espagne).*

BATON (Zacharie-Constant-Théodore), né à Arras, élève de MM. J. Lefebvre, G. Boulanger et G. Colin, — rue de Navarin, 12.

32 — *En forêt.*

33 — *Tête de vieillard.*

BAUDIT (Amédée), né à Genève, élève de M. Diday, — **H. C.**, — à Bordeaux, rue Nauville, 61

34 — *Vieux ponton sur les bords du bassin d'Arcachon.*

35 — *Roses et sureaux.*

BAUGNIET (Charles), né à Bruxelles. — Sèvres (Seine-et-Oise), rue des Closeries, 20 *bis.*

36 — *La mère attentive.*

BAUDOUIN (Paul-Albert), né à Rouen, élève de M. Gleyre et de MM. Delaunay et Puvis de Chavannes, — **H. C.**, — rue Sainte-Beuve, 8.

37 — *La collation.*

38 — *Etude.*

BECQ DE FOUQUIÈRES (Mme Louise-Marie), née à Paris, élève de Pils, — rue d'Anjou, 19.

39 — *Fleurs d'automne et fruits d'hiver.*

BEERNAEST (Mlle Euphrosine), née à Ostende (Belgique), — à Bruxelles, rue du Buisson, 20.

40 — *Dans la bruyère (campine).*

41 — *Approche d'orage (campine).*

BELLET (Auguste-Emile), né à Chateaubriant (Loire-Inférieure, élève de Cabanel, — boul. Montparnasse, 81.

42 — *Prélude.*

43 — *Fritellino.*

BENGY (Pierre de), né à Bourges, élève de M. Luminais, — passage de l'Elysée-des-Beaux-Arts, 18.

44 — *Portrait de M. Chevreul.*

BENNER (Emmanuel), né à Mulhouse (Alsace), — **EX.**, — rue de la Chaussée-d'Antin, 23.

45 — *Tête de jeune fille.*

BENNER (Jean), né à Mulhouse, élève de Pils, — **H. C.**, — boulevard de Clichy, 71.

46 — *Un jardin à Capri.*

47 — *Italienne.*

BERGERET (Pierre-Denis), né à Villeparisis (Seine-et-Marne), élève de M. E. Isabey, — **H. C.**, — rue de Laval, 26 (avenue Frochot, 4).

48 — *Asperges et prunes.*

BERGERON (Marie-Eugène-Jean), né à Paris, élève de M. E. Bourgeois, — rue Richelieu, 26.

49 — *Le grand Epi à Villerville.*

BERGEVIN (Édouard), né à Conlie (Vienne), élève de MM. Gérome, Lebel et Zacharie, — rue d'Assas, 60.

50 — *Portrait de Mlle X...*

BERTEAUX (HIPPOLYTE-DOMINIQUE); né à Saint-Quentin, (Aisne), élève d'Hippolyte Flandrin, Baudry et de M. Galland, — **H. C.**, — à Nantes, rue de Versailles, 27.

51 — *Après la déroute de Savenay.*

BERTHÉLEMY (PIERRE-EMILE), né à Rouen, élève de l'Ecole des Beaux-Arts de Rouen et de L. Cogniet, — rue Berthe, 13.

52 — *L'ouragan du 11 octobre 1886, ravageant les dunes et la digue de la Cassine, à Bernières-sur-Mer (Calvados).*

53 — *Le brick « l'Adélaïde », battu, désemparé par la tempête, coule avec son équipage.*

BERTHÉLEMY (VALENTIN-EMILE), né à Rouen, élève de MM. Berthélemy, Gérome et Boulanger, — rue Berthe, 13.

54 — *La marquise de Lantenai et Halmalo. (Quatre-vingt-treize) — Victor Hugo.*

55 — *Cour de ferme, à Bernières-sur-Mer (Calvados).*

BERTHELON (EUGÈNE), né à Paris, élève de MM. Lavieille et Berne-Bellecour, — **EX.**, — boulevard de Clichy, 12.

56 — *La vague.*

57 — *Forêt de Saint-Germain-en-Laye.*

BERTHON (NICOLAS), né à Paris, élève de L. Cogniet, — **EX.**, — rue Turgot, 23.

58 — *Paysanne de Châtelguyon (Auvergne).*

BERTON (PAUL-EMILE), né à Chartrettes (Seine-et-Marne), élève de MM. Allongé, Delaunay et Puvis de Chavannes, — rue de Miromesnil, 77.

59 — *Chemin creux en Normandie.*

60 — *Sur le quai de Grancamp (Calvados).*

BERTRAND (JAMES), né à Lyon élève de Périn. — **H. C.** — place Pigalle, 11.

61 — *La femme voilée.*

62 — *Charlotte Corday.*

BEYLE (Pierre-Marie), né à Lyon — **H. C.**,— boulevard de Clichy, 6.

63 — *Les Pêcheuses de crabes* (*Cayeux*).

BIDAU (Eugène), né à la Roche-sur-Yon (Vendée), — rue Rébeval, 62.

64 — *Retour du marché.*

BINET (Adolphe-Gustave), né à la Rivière-Saint-Sauveur (Calvados), élève de M. Gérome — **EX.**, — rue des Plantes, 74.

65 — *Maréchalerie.*

66 — *Travail du samedi.*

BINET (Georges-Jules-Ernest), né au Havre, élève de MM. C. Lhullier et R. Collin, rue Gay-Lussac, 72.

67 — *Chrysanthème.*

68 — *Cour de ferme à Villequier.*

BIRONNEAU (Mlle Marie-Blanche), née à Paris, élève de M. T. Robert-Fleury — rue du Faubourg-Poissonnière, 62.

69 — *Mon coin favori.*

BISSCHOP (Christoffle) né à Leeuwarde, (Hollande), élève de Gleyre et de M. Comte. — **H. C.** — à Scheveningue, rue Van Stolkwey, 112.

70 — *La visite — Hindelopen.*

BIVA (Paul), né à Paris — à la station de Franconville (Seine-et-Oise).

71 — *Fruits.*

BLUM (Maurice), né à Dijon, élève de MM. Picot et E. Delacroix,— rue Ballue, 23.

72 — *Une Chanson.*

73 — *L'arrivée au château.*

BOUDIER (Raoul), né à Paris, élève de MM. Bonnat et Cormon, — rue Ganneron, 22, porte C.

74 — *Modiste.*

BOUDIN (EUGÈNE), né à Honfleur. — **H. C.**, — place Vintimille, 11.

75 — *Le bassin de Deauville.*

76 — *Le bassin de Deauville (le matin).*

77 — *Laveuses.*

BOQUET (JULES), né à Amiens, élève de MM. J. Lefebvre et Boulanger, — rue de Provence, 11.

78 — *Mendiants.*

BOUDOT (LÉON), né à Besançon, élève de M. Français, — à Besançon, quai de Strasbourg, 12.

79 — *Bruyère à la lisière d'un bois (Franche-Comté).*

BOUILLON (LÉON), né à Lons-le-Saunier, élève de Pils et H. Lehmann, — rue des Batignolles, 39.

80 — *Baigneuse.*

BOURGAULT-DUCOUDRAY (HENRY), né à la Réunion, élève de M. Sauzay, — rue de Clichy, 35.

81 — *Marine. — La Gorelle, côte de Batz (Bretagne).*

82 — *Marine. — Etude.*

BOURGEOIS (EUGÈNE-VICTOR), né à Paris, — **EX.**, — à Neuilly-sur-Seine, rue Perronet, 43.

83 — *Villerville (Calvados).*

84 — *Mitheuil (Seine-et-Marne).*

BOURGOGNE (PIERRE), né à Paris, élève de M. Galland, — à Sèvres (Seine-et-Oise), rue de Brancas, 32 *ter*.

85 — *Giroflées.*

86 — *Ma première récolte.*

BOUVILLE (Mme LAURE DE), née à Bordeaux, élève de M. Baudit, — à Bordeaux, rue de Poissac, 1.

87 — *Sous bois.*

88 — *Avant l'orage.*

BRAIL (Jean-Achille-Théodore), né à Cassagnolles (Hérault), élève de MM. Comte et E. Detaille, — à Argentan (Orne) et à Paris, chez M. Disant, rue du Faubourg-Poissonnière, 54.

89 — *Une agréable rencontre.*

90 — *Tirailleurs.*

BRANDT (Pierre), né à Paris, — à l'île Saint-Denis (Seine).

91 — *La Frenette. — Ile St-Denis.*

92 — *Bords de la Seine. — Matin.*

BRIELMAN (Jacques-Alfred), né à Paris, élève de M. Lavieille. — **EX.**, — ✿, — rue de Chabrol, 16.

93 — *Les près Godin à Igny (Cher). — Matinée de septembre.*

94 — *Sous les grands chênes (Allier).*

BRILLOUIN (Louis-Georges), né à Saint-Jean-d'Angély (Charente-Inférieure), élève de Drolling et de Cabat, — **M. C.**, — à Saint-Martin-les-Melle (Deux-Sèvres), et rue Neuve-des-Petits-Champs, 15.

95 — *Souvenir de Murat-le-Caire. — Route du mont Dore (Auvergne).*

96 — *Pâturage au fond du parc.*

BRISPOT (Henri), né à Beauvais, élève de M. Bonnat, — **M. C.**, — avenue Trudaine, 3.

97 — *Surpris par l'orage.*

98 — *Entre deux quadrilles.*

BRISSET (Emile), né à Paris, élève de MM. Cabanel, Bonnat et Detaille, — rue Pergolèse, 48.

99 — *Une arrestation d'otages en 1870.*

100 — *Pendant le combat.*

BRISSOT DE WARVILLE (FÉLIX-SATURNIN), né à Sens (Yonne) élève de L. Cogniet,—**H.C.**,—à Versailles, rue Neuve, 17.

101 — *Le troupeau.*

BRUN (Mlle Nelly), née à Paris, élève de Mlle Decan et M. de Landerset, — rue du Faubourg-St-Honoré, 155.

102 — *La sonate interrompue.*

103 — *D'abord la patte.*

BRUN (RAOUL), né à Bordeaux, élève de MM. Auguin et Baudit, — à Bordeaux, rue de la Trésorerie, 116.

104 — *Scène d'inondation, clair de lune.*

105 — *Pêcheries de l'Océan, bassin d'Arcachon.*

BRUNET (SOPHIE), née à Paris, élève de M. Defaux, — place Victor-Hugo, 3.

106 — *Chrysanthèmes.*

107 — *Fleurs de printemps.*

BUCHET (Mme JULIE), née à Bourges, élève de MM. Gérome et Bonnat, — rue de la Voûte, 26.

108 — *Les Parques de Germain Pilon.*

Musée de Cluny.

BUNEL (EUGÈNE), né au Havre, élève de MM. Ch. Lhullier et Cabanel, - boulevard Pereire, 30.

109 — *Une embuscade.*

BURGERS (HENRI-JACQUES), né à Huisen-en-Gueldre (Hollande) élève de l'Académie des Beaux-Arts d'Amsterdam, — **H. C.**, — rue de La Rochefoucauld, 17.

110 — *Vue de Pont-l'Evêque.*

111 — *Refugium peccatorum.*

BURGKAN (Mlle BERTHE), née à Paris, élève de MM. Boulanger, J. Lefebvre et T. Robert-Fleury,— rue de Charonne, 49.

112 — *Portrait de Mlle M. G...*

113 — *Les bords de l'Oise.*

BURREL (Mlle Edith-Mary), née à Londres, élève de MM. Krug et Fayen-Perrin, — à Londres, 2 Chepstow Villas, Bayswater, et à Paris, chez M. Krug, boulevard de Clichy, 11.

114 — *Portrait de M. le général baron R...*

BUSSON (Georges), né à Paris, élève de son père, — **EX.**, — rue Alfred-Stevens, 7.

115 — *Un bien allé.*

CAGNIART (Emile), né à Paris, élève de A. Guillemet, — rue de Navarin, 6.

116 — *Le soleil et la neige.*

CALMETTES (Mme Euphrasie), née à Paris, élève de MM. Lhullier et Soyer, — à Sainte-Adresse, chemin n° 32.

117 — *Retour des champs.*

118 — *Lisette, étude.*

CALVÈS (Léon-Georges), né à Paris, élève de M. Guillemet, — rue de La Tour-d'Auvergne, 44.

119 — *Les étrennes de ma fillette.*

CARL-ROSA (Mario), né à Loudun (Vienne), à l'Académie des Beaux-Arts des Champs-Elysées, — rue du Faubourg-Saint-Honoré, 30.

120 — *Bords de l'Yonne, à Cravant.*

Propriété de M. Maréchal.

CARPENTIER (Evariste), né à Guernelès-Courtrai, — boulevard de Clichy, 71.

121 — *La visite de grand'mère.*

122 — *Aux bords du ruisseau.*

CARRIER-BELLEUSE (Louis-Robert), élève de son père et de MM. Cabanel et Boulanger, rue de la Tour-d'Auvergne, 15

123 — *La salaison des harengs, souvenir de Boulogne-sur-Mer.*

124 — *Le raccommodeur de voiles, souvenir de Boulogne-sur-Mer.*

CASTEX-DEGRANGE (Adolphe), professeur à l'école nationale des Beaux-Arts de Lyon. — à Lyon, Palais des Arts.

125 — *Ma table à modèles.*

CASTRES (Edouard), né à Genève, élève de MM. Zamacoïs et B. Menn. — **H. C.**, — à Etrembières (Hte-Savoie).

126 — *Un moine dentiste.*

CHALON (Louis), né à Paris, élève de MM. J. Lefebvre et G. Boulanger, cité Malesherbes, 16.

127 — *Une femme, des fleurs.*

CHAMP-RENAUD (Thérèse de), née à Montpellier (Hérault); élève de M. Moreau, de Tours, — rue Claude-Bernard, 51.

128 — *Leperdit. — Maire de Rennes.*

129 — *Un sauvetage.*

CHANTRON (Alexandre-Jacques), né à Nantes, rue Beaumanoir, 9.

130 — *Effet de tempête. — Marine.*

131 — *Après la fête. — Paludier des marais salants de la Loire-Inférieure.*

CHAPERON (Eugène), né à Paris, élève de Pils et de M. E. Detaille, — rue Claude-Vellefaux, 40.

132 — *La douche au régiment.*

CHARPENTIER (Léon-François), né à Méru (Oise), élève de MM. Cabanel et Benjamin-Constant, rue Houdon (place Pigalle), 1

133 — *Le petit ramoneur.*

134 — *Petite fille gardant les vaches.*

CHÉRON (OLIVIER), né à Soulangy (Calvados), élève de MM. Desbrosses et Guillemet, — boulevard Pereire, 147.

135. — *Marine.*

CHIGOT (ALPHONSE), né à Graçay (Cher), élève de l'Académie de Valenciennes, — à Valenciennes, rue à Petits-Cailloux, 1.

136 — *L'accueil au presbytère.*

137 — *L'invasion chez l'avare.*

CHOCARNE-MOREAU (PAUL-CHARLES), né à Dijon, élève de MM. Bouguereau et T. Robert-Fleury, — rue Notre-Dame-des-Champs, 117.

138 — *La leçon du perroquet.*

CLAUDE (EUGÈNE), né à Toulouse, — **EX.**, — rue Vieille-d'Argenteuil, à Asnières (Seine).

139 — *Le déjeuner maigre (œufs sur le plat).*

140 — *Bouquet de pivoines.*

CLAUS (EMILE), né à Vive-Saint-Eloi (Belgique), — à Astène (Belgique).

141 — *Fin octobre. — Bords de la Lys.*

CLAVEL (ÉMILE), né à Paris, élève de MM. Kuwasseg et Iwill, — à Suresnes (Seine), villa aux Roses.

142 — *Les bords de la Seine, à Suresnes.*

143 — *Baie de Saint-Wast-la-Hougue.*

COEYLAS (HENRY), né à Joinville-le-Pont, élève de Pils et de MM. Boulanger et J. Lefebvre, — rue du Jour, 5.

144 — *Nuit d'été.*

145 — *A la source.*

COLIN-LIBOUR (Mme URANIE), née à Paris, élève de F. Rude et de MM. Muller et Bouvin, — passage Alfred-Stevens, 10.

146 — *L'Aïeule.*

« ... Et jusque dans la mort
Son bras pour la garder fit un suprême effort. »

CONSTANTIN (Mme ADÈLE), née à Mulhouse, élève de M. T. ROBERT-FLEURY, — à Marseille, rue Saint-Jacques, 36.

147 — *Pensées.*

CORNELIUS (Mme MARIE-LUCIE), née à Strasbourg, — à Strasbourg, rue du Dôme, 7.

148 — *Lilas.*

COSTEAU (GEORGES), né à Melun, élève de MM. Puvis de Chavannes, Dubufe, Mazerolles, Delaunay et Harpignies, — rue Dombasle, 26.

149 — *Marine.*

COTTIN (Feu PIERRE), né à Paris, élève de Jazet, — avenue Trudaine, 3.

150 — *Les bords de l'Ouche*, près Dijon.

151 — *Convoitise.*

COURANT (MAURICE-FRANCIS-AUGUSTE), né au Havre, élève de Meissonier, — **H. C.**, — à Poissy (Seine-et-Oise, clos de l'Abbaye.

152 — *Dans l'avant-port.*

153 — *Le vieux bassin au crépuscule.*

COUTURIER (PHILIBERT-LÉON), né à Châlon-sur-Saône, élève de Couturier et Picot, — **H. C.**, — à St-Quentin, quai du Port Gayant, 7.

154 — *La sieste.*

155 — *Nature morte.*

COUTY (JEAN-FRÉDÉRIC), né à Issoudun (Indre), élève de MM. Brion et Luminais, — rue Lepic, 22.

156 — *Marée, nature morte.*

157 — *Fromage et fruits,*

DAINVILLE (MAURICE), né à Paris, élève de MM. Boulanger, J. Lefebvre et Coquart, — rue de Laval, 23.

158 — *Plage de Berck-sur-Mer.*

DAMAS (EUGÈNE), né à Rimogne (Ardennes), élève de M. Cabanel, — à Charleville, cours d'Orléans, 87.

159 — *Retour des champs.*

DAMERON (ÉMILE), né à Paris, élève de M. Pelouze, — **H. C.**, — rue Bréda, 26.

160 — *Un chantier de reconstruction de bateaux à Dordrecht (Hollande).*

DARASSE (GEORGES-PAUL-JOSEPH), né à Paris, — à Capri (Italie), villa Discopoli, et à Paris, chez M. Geoffroy, rue d'Aguesseau, 10.

161 — *Petit joueur de flûte.*

162 — *Le porte-faix tunisien.*

DARDOISE (ÉMILE), né à Paris, — **EX.**, — rue Coëtlogon, 4.

163 — *Les bords de la Seine, au Coudray.*

DARIEN (HENRY), né à Paris, élève de M. Tristan Lacroix, — rue Denfert-Rochereau, 18 *bis*.

164 — *Asperges.*

165 — *Desserts.*

DAUPHIN (EUGÈNE), né à Toulon, élève de MM. Courdouan, Humbert et Gervex, — rue Jouffroi, 69.

166 — *« La Champagne » embarquant son charbon. (Bassin de l'Eure).*

167 — *Sortie de bateaux, plage de Ste-Adresse.*

DAUX (CHARLES-EDMOND), né à Reims, élève de M. Cabanel, — boulevard Montparnasse, 116.

168 — *Le rendez-vous champêtre.*

DEBAT-PONSAN (Edouard-Bernard), né à Toulouse, élève de M. Cabanel, — H. C., — ✻. — avenue Victor-Hugo, 55.

169 — *Portrait de M. le Général Boulanger (14 juillet* 1886.

DEBRAS (Louis), né à Péronne (Somme), élève de M. A. Dehaussy, — rue de Chabrol, 18.

170 — *Un jour d'étude au Louvre.*

171 — *Revue d'inspection.*

DECAMP (Albert), né à Allery (Somme), élève de M. Vollon, — à Allery (Somme).

172 — *Intérieur picard.*

DEFAUX (Alexandre), né à Bercy (Seine), — H. C., — ✻, à Montigny-sur-Loing, par Bourron (Seine-et-Marne).

173 — *Vue prise des hauteurs de Montigny-sur-Loing.*

174 — *Chrysanthèmes.*

DEHAUSSY (Jules), né à Péronne (Somme), élève de MM. A. Dehaussy et Th. Fragonard, — EX., — rue de Lafayette, 111.

175 — *Brigand italien en embuscade.*

176 — *La vierge en prière.*

DELACHAUX (Léon), né à Planchettes (Etats-Unis d'Amérique), de parents Suisses, élève de M. Duez, — à Gretz, par Nemours (Seine-et-Marne).

177 — *Soirée d'été.*

178 — *Intérieur de forge.*

DELACROIX (Henry-Eugène), né à Solesmes (Nord), élève de M. Cabanel, — EX., — à l'Académie de Valenciennes, rue de Paris, 76.

179 — *Clair de lune.*

DELAME (René), né à Valenciennes, élève de M. Henry-Eugène Delacroix, — à Valencinnes, rue des Foulons, 17.

180 — *Nature morte.*

DELANOY (Hippolyte-Pierre), né à Glasgow (Ecosse), de parents français, élève de Gleyre et de MM. Jobbé-Duval, F. Barrias, Bonnat et Vollon, — **EX.**, — rue des Dames, 32.

181 — *Le savant Daniel Heinsius.*

DELANOY (Jacques), né à Paris, élève de MM. Acloque et Ferey, — rue des Marais, 89.

182 — *Salade d'oranges.*

183 — *Les concombres.*

DENET (Charles), né à Evreux, élève de M. Bonnat, — rue Dautancourt, 21.

184 — *Attendant la ménagère.*

DENEUX (Gabriel), né à Paris, élève de MM. Cabanel et Gérome, — rue Grenier-St-Lazare, 13.

185 — *Falaise de Carolles.*

DEPRÉ (Albert), né à Paris, —rue de Saint-Pétersbourg, 16.

186 — *Crépuscule, à Quimper.*

DESBOUTIN (Marcellin), né à Cérilly (Allier), — à Nice, rue de France, 179, et à Paris, rue Rochechouart, 38.

187 — *La leçon à polichinelle.*

DESCAMPS-SABOURET (Mlle Louisa-Cécile), née à Paris, élève de M. T. Robert-Fleury, — rue de la Présentation, 11.

188 — *Fleurs des champs.*

189 — *Fruits.*

DESHAYES (Eugène-François-Adolphe), né à Alger, élève de l'Ecole des Beaux-Arts d'Alger, passage Saint-Paul, 6.

190 — *Eglise de Criquebœuf.*

191 — *Le matin, étude.*

DESJEUX (Mlle Emilie), née à Joigny (Yonne), élève de MM. Bouguereau et Vignal, — boulevard Montparnasse, 58.

192 — *Nature morte.*

DESPORTES (Francisque), né à Lyon, élève de Pils et de M. Robert-Fleury, — avenue de Wagram, 38.

193 — *Nature morte, — Fleurs de juin.*

194 — *Cléopâtre.*

DESTREM (Casimir), né à Toulouse, élève de M. Bonnat. — **H. C.**, — rue Notre-Dame-des-Champs, 127.

195 — *La fuite en Egypte.*

DÉVÉ (Feu Eugène), né à Rouen, — décédé le 2 avril 1887, — élève de Flers, — rue de Rocroy, 2.

196 — *Gros temps à Jersey.*

197 — *Chemin de traverse à Galluis (Seine-et-Oise).*

DEZAUNAY (Emile), né à Nantes, élève de MM. Delaunay et Puvis de Chavannes, — à Nantes, rue du Bocage, 1.

198 — *Vieux marinier.*

199 — *Mamousii.*

DIDIER (Jules), né à Paris, élève de MM. L. Cogniet et J. Laurens, — **H. C.**, — rue de Vaugirard, 59.

200 — *Un char de blé.*

201 — *Paysage charollais.*

DIÉTERLE (Georges-Pierre), né à Paris, élève de Corot, — à Paris, rue de Bruxelles, 3, et au Musée de Fécamp.

202 — *Falaises de Criquebeuf (Seine-Inférieure).*

DIEUDONNÉ (Emmanuel de), né à Petit-Saconnex (Suisse), naturalisé Français, — élève de M. Cabanel, — **EX**.

203 — *Bain turc.*

204 — *Le vendredi aux eaux douces d'Asie, souvenir de Constantinople.*

DRAMARD (Georges de), né à Gonneville-sur-Dives (Calvados), élève de M. Bonnat, — rue du Faubourg-Saint-Honoré, 157.

205 — *Jardin du couvent.*

206 — *Pêche au tramail, côtes de Normandie.*

DUBOURG (Louis-Alexandre), né á Honfleur, élève de M. L. Cogniet, — ✿, — à Honfleur, rue St-Léonard, 45.

207 — *Femme de pêcheur.*

208 — *Sortie d'école.*

DUCHYNSKA (Mlle Hélène), née à Tonneins, élève de M. T. Robert-Fleury, — rue de Moscou, 18.

209 — *Route de Beauchamps (Seine-et-Oise).*

DUCOMBS (Mlle Marie-Angélique), née à Toulouse, — élève de M. B. Desgoffé, — rue Claude-Bernard, 47.

210 — *Nature morte, — plat chinois, aiguière du Musée de Cluny, fruits.*

DUEZ (Ernest-Ange), né à Paris, élève de Pils, — **H.C.**, — ✻, boulevard Berthier, 39.

211 — *Sur la plage.*

DUFOUR (Camille), né à Paris, élève de L. Cogniet et de M. Ch. Jacques, — **EX.**, — rue Fontaine-St-Georges, 33.

212 — *Domèvre (Vosges).*

213 — *Les Damps, embouchure de l'Eure.*

DUMAX (Ernest), élève de Corot, — rue de Sèvres, 139.

214 — *Villerville. — La pêche aux moules.*

215 — *Granville. — Côte de Granville à Quimper.*

DUPAIN (Edmond), né à Bordeaux, élève de M. Cabanel, — **H. C.**, — boulevard Montparnasse, 152.

216 — *Première chasse.*

217 — *La blonde.*

DUPONNOIS (Georges), né à Paris, — rue de Magdebourg, 7.

218 — *Un morceau de choix.*

(Appartient à M. Corlieu.)

DUPONT (Georges-Gustave), né à Paris, élève de MM. Lemaire et Duez, — rue de Lourmel, 76.

219 — *Instrument et papiers de musique*

220 — *Un soir, — marée basse, à Villerville.*

DURAND (Charles), né à Paris, élève de M. Maillart et de G. Boulanger, — rue de la Pitié, 5.

221 — *La lettre de l'absent.*

222 — *Pour la veillée.*

DURANGEL (Léopold-Victor), né à Marseille, élève de Wachsmuth et Horace Vernet, — **EX.**, — rue de Bruxelles, 30.

223 — *Consomption.*

DURANTON (Mlle Jeanne-Marie-Céline), née à Paris, élève de M. Ernest Lefèbre,— à Rouen, rue aux Ours, 32.

224 — *Un coin de salon.*

DURST (Auguste), né à Paris, élève de MM. E. Hébert et Bonnat, — **H. C.**, à Puteaux (Seine), avenue de la Défense-de-Paris, 51.

225 — *Paysanne au soleil.*

226 — *Dans la ferme.*

DUVAL-GOZLAN (Léon), né à Paris, — rue de La Tour-d'Auvergne, 41.

227 — *Moulin de Fourges (vallée de l'Epte).*

EHRMANN (François-Emile), né à Strasbourg, élève de Gleyre — **H. C.**, — ✻, — boulevard Montparnasse, 25.

228 — *Le nouveau-né.*

ELIOT (Maurice), né à Paris, élève de MM. Bin et Cabanel, — **EX.**, — rue Houdon, 3.

229 — *L'église de Boussy-St-Antoine (Seine-et-Oise).*

230 — *Le viaduc d'Epinay-sous-Sénard (Seine-et-Oise).*

FATH (René-Maurice), né à Paris, élève de MM. Cabanel et C. Bernier, — à Maisons-Laffitte (Seine-et-Oise), rue du Chemin-Vert, 2.

231 — *La mare de Veneswille (Seine-Inférieure).*

232 — *Le bac de Maison-Laffitte.*

FAUVEL (Georges), né au Havre, élève de MM. Lhullier et Cabanel, au Havre, rue de Sainte-Adresse, 33.

233 — *Entrée du port d'Honfleur.*

234 — *Méphistophélès.*

FLAHAUT (Léon), né à Paris, élève de Corot. — **H. C.**, — ✻, — boulevard Malesherbes, 139.

235 — *Marine.*

FLAMENG (Marie-Auguste), né à Metz, élève de MM. E. Vernier, E. Delaunay, Puvis de Chavannes et J.-P. Laurens, — **EX.**, — rue Ampère, 61.

236 — *La Tamise à Londres.*

237 — *Dans les docks, à Londres.*

FLEURY (Albert), né au Havre, élève de MM. Lehmann, Galbrund et Renouf, — au Havre, rue Augustin-Normand, 6.

238 — *Pêcheurs de crevettes.*

239 — *Etude.*

240 — *Avant-port du Havre.— Sortie du « Ferdinand-de-Lesseps. »*

(Appartenant à M. X***)

FLEURY (Mme Fanny), née à Paris, élève de MM. Henner et Carolus-Duran, rue Fontaine, 37.

241 — *En Bretagne.*

242 — *La toilette de Bébé.*

FONTENAY (Alexis de), né à Paris, élève de Watelet et Hersent, — **H. C.**, — quai du Louvre, 8.

243 — *La montagne de Niesen et les bords du lac de Thoun (Suisse).*

FOUACE (Guillaume-Romain), né à Réville (Manche), élève de M. Yvon, — rue du Val-de-Grâce, 9.

244 — *Huîtres.*

245 — *Fromage.*

FOUBERT (Émile-Louis), né à Paris, — Élève de M. Bonnat, — **H. C.**, — rue Clausel, 21.

246 — *L'Amour peintre.*

247 — *Le bord de la Seine à Pont-de-l'Arche (Eure).*

FOULON (Jeanne), née à La Rochelle, élève de MM. Haquette et Saubès, — rue de la Chaussée-d'Antin, 18.

248 — *Après la saisie.*

249 — *Fleurs de printemps.*

FOURNIER (Louis-Édouard), né à Paris, élève de M. Cabanel, — **EX.** — rue de l'Ancienne-Comédie, 14.

250 — *Ave Maria.*

251 — *Mandolinette.*

FRÉCHON (Charles), né à Blangy-sur-Bresle (Seine-Inférieure), élève de MM. Lebel et Collin, — à Blangy-sur-Bresle.

252 — *Les blés.*

253 — *Le port de Rouen.*

FURCY DE LAVAULT (ALBERT-TIBULLE), né à Saint-Genis (Charente-Inférieure), — au Musée, à La Rochelle, et rue Gargoulleau, 32 *bis*.

254 — *Roses.*

GABRIEL (PAUL-JOSEPH-CONSTANTIN), né à Amsterdam (Hollande), — à Scheveningue (Pays-Bas).

255 — *Moulin à Kortenhoef, dans les polders hollandais.*

GAGLIARDINI (GUSTAVE), né à Mulhouse, élève de Léon Cogniet. — **H. C.**, — boulevard de Clichy, 12.

256 — *Le matin, sur la plage de Cayeux-sur-Mer.*

257 — *En août, à Pont-Sainte-Marie (environs de Bordeaux).*

GALERNE (PROSPER), né à Patay (Loiret), élève de M. Rapin, — **EX.** — rue de Bourgogne, 52.

258 — *Village des Roches, près d'Auderville (Manche).*

GARDANNE (AUGUSTE), né à Ancône (Italie), de parents Français, élève de Pils et de M. Yvon, — à Levallois-Perret, rue Poccard, 9.

259 — *Combat de cavalerie (guerre franco-allemande,* 1870-1871).

GASSOWSKI (ARTHUR DE), né en Pologne, élève de M. Busson, rue de Rome, 77.

260 — *Sous bois (Lot-et-Garonne).*

261 — *Temps gris, en automne, aux bords de l'étang de Hourtias (Gironde).*

GÉLIBERT (GASTON), né à Bagnères-de-Bigorre (Hautes-Pyrénées), élève de son père, — rue Denfert-Rochereau, 47.

262 — *Setter Gordon et Hallebrans.*

263 — *Lapins ; panneau décoratif.*

GÉLIBERT (JULES-BERTRAND), né à Bagnères-de-Bigorre, élève de son pére, — **H. C.**, — au Cap-Breton (Landes).

264 — *Arrêt sur un lapin.*

265 — *Chasse aux canards sur l'étang de la Pointe (Landes).*

GÉO-RÉMY (Mlle VIRGINIE), née à Paris, élève de Chaplin, — rue Barre-du-Château, 2, Nantes.

266 — *Portrait de Mme G. R...*

267 — *L'éventail de grand'mère.*

GEORGES-SAUVAGE (AUGUSTE-ALBERT), né à Caen, élève de MM. Gérome et Lecomte de Nouy, — **EX.**, — rue Notre-Dame-des-Champs, 86.

268 — *Pêcheurs au cabaret, souvenir des Sables-d'Olonne (Vendée).*

269 — *Sablaise raccommodant ses filets.*

GIRARDET (EUGÈNE), né à Paris, élève de M. Gérome, — rue Legendre, 4.

270 — *Le Juif à El-Kantara.*

271 — *L'Atlas à El-Kantara.*

GLAIZE (PIERRE-PAUL-LÉON), né à Paris, élève de son père et de Gérome, — **H. C.**, — ✻, — rue de Vaugirard, 95.

272 — *Au bord de la Seine (pays de Caux).*

GODIN (Mlle MARGUERITE), née à Paris, élève de MM. Bonnat, Boulanger, J. Lefebvre et Robert-Fleury, — rue du Faubourg-St-Martin, 196.

273 — *Gallia.*

274 — *Escalier, à Arley Castle (Worcestershire).*

GOUGELET (Mlle JEANNE), née à Metz, élève de MM. Carolus-Duran et Henner, — impasse Hélène, 15, villa des Arts.

275 — *Madrid.*

GOURDET (PIERRE-EUGÈNE), né à Paris, élève de son père, — Cité du Vauxhall, 6.

276 — *Un coin d'atelier.*

277 — *Un cellier à Chantilly.*

GRIMELUND (Johannes), né à Christiania (Norwège), élève de M. H. Gude, — rue Coustou, 8, Montmartre.

278 — *Entrée du port du Havre.*

279 — *Matinée brumeuse, Le Havre.*

GRIVOLAS (Antoine), né à Avignon, élève de M. P. Grivolas, — rue du Val-de-Grâce, 19.

280 — *Chez la fleuriste.*

GROS (Ernest-Marie), né à Châlons-sur-Marne, — rue Piat, 43.

281 — *Marée montante.*

GUÉRARD (Amédée), né à Sens (Yonne), élève de Picot, — rue Caulaincourt, 27.

282 — *Le repos.*

GUÉRIN (Isidore-Georges), né à Sens (Yonne), élève de M. Yon, rue Alfred-Stevens, 9.

283 — *Crustacés.*

GUIGNARD (Gaston), né à Bordeaux, élève de MM. Ferey, Humbert et Gervex, — **H. C.**, — avenue Gourgaud, 9.

284 — *Rentrée au parc, le soir, dans les landes de Gascogne.*

GUILLON (Eugène-Antoine), né à Paris, élève de H. Flandrin, — rue Méchain, 10.

285 — *Les derniers moments de Mirabeau.*

« Des excès de plaisir et de travail, les émotions de la tribune, avaient usé cette existence si forte. Des bains qui renfermaient une dissolution de sublimé avaient produit cette teinte verdâtre qu'on attribuait au poison..... Le lit de la mort le reçut et ne le rendit qu'au Panthéon..... Lui, entouré de ses amis, exprimait quelques regrets sur ses travaux interrompus, quelque orgueil sur ses travaux passés..... « Mon ami, dit-il à Cabanis, son médecin, je mourrai aujourd'hui, il ne reste plus qu'à s'envelopper de parfums, qu'à se couronner de fleurs, qu'à s'environner de musique pour entrer paisiblement dans le sommeil éternel. » Des douleurs poignantes interrompaient de temps en temps ces discours si nobles et si calmes. Il mourut le lendemain, 2 avril 1791. »

(Thiers, *Histoire de la Révolution.*)

286 — *L'été.*

GUMERY (Adolphe-Ernest), né à Paris, élève de MM. Boulanger, J. Lefebvre et Galland, — rue Truffaud, 20.

287 — *Dans le plâtre ; vue prise du quai sous le pont des Saints-Pères (Paris).*

GUYON (Mlle Maximilienne), née à Paris, élève de MM. Boulanger, Lefebvre et Tony Robert-Fleury, — rue Ampère, 85.

288 — *Portrait de Mlle Jeanne G...*

HAIN (Mlle Marguerite), née à Rouen, élève de l'Ecole des Beaux-Arts de Rouen, et de M. E. Lefebvre, — Rouen, rue Neuve-St-Patrice, 9.

289 — *Nature morte.*

290 — *Instruments de musique.*

HAMELIN (Jacques-Gustave), né à Honfleur, élève de Ingre, — au Havre, rue Séry, 32.

291 — *Portrait de M. X...*

HARMAND (Adrien), né à Paris, élève de MM. Gérome et Chassevent, — rue Bayen, 31.

292 — *Un volontaire d'un an.*

HAVET (Henri-Charles-Julien), né à Paris, élève de M. L.-O. Merson, — rue de Vaugirard, 95.

293 — *Les mines de Mansourah (Algérie).*

HENRIQUET-GAND (Mme Albertine), née à Paris, élève de M. Sauzay, — avenue du Roule, 96.

294 — *Desserte après souper.*

295 — *Œufs et jambon.*

296 — *Nature morte.*

HENRY (Mlle Maria), née à Grenoble (Isère), élève de MM. Boulanger, J. Lefebvre et T. Robert-Fleury, — à Grenoble, cours Berriat, 11 *bis*.

297 — *Nature morte.*

HERRMANN-LÉON (CHARLES), né au Havre, élève de MM. E. Fromentin et Ph. Rousseau, — H. C., — rue de Laval, 26, et avenue Frochot, 8.

298 — *Bien aller.*

HERTSCHAP (JULES), né à Jeandelize (Meurthe-et-Moselle), — rue des Dames, 27.

299 — *Un jour de veine!!!*

HODEBERT (LÉON-AUGUSTE-CÉSAR), né à St-Michel-sur-Loire (Indre-et-Loire), — avenue des Gobelins, 66.

300 — *Sauvageonne.*

« Dans ce cadre des feuillages bruns, du gazon velouté et de l'eau bleue, le corps éblouissant de Denise et sa chevelure rousse se fondaient harmonieusement. La lumière assourdie estompait les lignes onduleuses de son dos et de sa jeune poitrine; sa peau blanche frissonnait légèrement, et d'une main distraite, elle tordait ses cheveux. »

(André THEURIET.)

HOMO (ALEXANDRE DE), né à Paris, élève de M. Péquignot et de Guillemet.

301 — *Paris, du pont de la Tournelle.*

HUILLARD (Mme ESTHER), née à Sedan, élève de M. J. Machard, — rue Richer, 41.

302 — *Buste de femme; étude.*

303 — *Tête d'enfant; étude.*

HUTIN (CHARLES), né à Paris, élève de M. Legat, — rue de Rouvray, 5 (parc de Neuilly).

304 — *Le jambon.*

ISEMBART (EMILE), né à Besançon, élève de M. Fanart, — à Besançon, Beauregard.

305 — *L'orage.*

306 — *La fin du jour.*

IWILL (Marie-Joseph), né à Paris, élève de C. Kuwasseg et de M. Lausyer, — quai Voltaire, 11.

307 — *Morsalines.*

308 — *Anvers, matinée de septembre.*

JACOB (Stéphen), né à Gaigneux (Côte d'Or), élève de MM. Bonnat et Boulanger, — **EX.**, boulevard Berthier, 15.

309 — *A l'église.*

310 — *Le déjeuner du maçon.*

JAMES (Mme Marie-Antoinette), née à Genève (Suisse), de parents français, élève de M. Galbrund, — boulevard Magenta, 152.

311 — *Rita.*

JEANNIN (Georges), né à Paris, — **EX.**, — rue des Dames, 32.

312 — *Pivoines doubles.*

313 — *Au pays des pommes.*

JEANNIN (Maurice), né à Paris, élève de son père et de M. Tony Robert-Fleury, — rue des Dames, 32.

314 — *Portrait de M. G. J***.*

JIMENEZ (Louis), né à Séville (Espagne), élève de l'Ecole des Beaux-Arts de Séville, — **EX.**, — rue Boissonnade, 6.

315 — *Dans l'église, souvenir de Bretagne.*

JOLYET (Philippe), né à Pierre (Saône-et-Loire), élève de M. Cogniet, — passage Didot, 29.

316 — *La raccommodeuse de linge.*

317 — *Repos du chasseur.*

JOUAS (Edmond-Etienne), né à Brie-Comte-Robert, élève de M. Rubé, — au Havre, rue Victor-Hugo, 101.

318 — *La Lézarde, à Harfleur.*

319 — *Vue à Honfleur.*

JOUBERT (LÉON), né à Quimper, élève de M. Pelouse, — rue Fontaine-St-Georges, 40.

320 — *Prairies, près Montigny-sur-Loing.*

321 — *Bords du Doubs, à Roche, près Besançon.*

JOURDEUIL (ADRIEN), né à Saint-Pétersbourg de parents français, élève de MM. Bonnat, Bouguereau, T. Robert-Fleury et Pelouse, — passage Saulnier, 6.

322 — *Le matin, au lavoir abreuvoir, route du Ver (Calvados).*

323 — *L'écluse abandonnée de Pont-de-l'Arche.*

JUSTIN (MARIE-JULES), né à Paris, élève de M. Luminais, — avenue Trudaine, 3.

324 — *La maison que j'habitais, Yport.*

325 — *La maison du garde-champêtre, Yport.*

KLUMPKE (Mlle ANNA-ELISABETH), née à San-Francisco (Etats-Unis d'Amérique), élève de MM. T. Robert-Fleury, J. Lefebvre et Boulanger, — rue de la Grande-Chaumière, 8.

326 — *Catinou, jeune paysanne de la Montagne-Noire (Tarn).*

327 — *Intérieur d'étable à Jaccournassy.*

KREYDER (ALEXIS), né à Andlau (Alsace), élève de MM. Laville et Fuchs, — **H. C.**, — boulevard Montparnasse, 161.

328 — *Roses trémières et cerises.*

329 — *Pêches et raisins.*

KRUG (EDOUARD), né à Drubec, élève de M. L. Cogniet, — **EX.**, — boulevard de Clichy, 11.

330 — *Une victime de la mer.*

LAFONT (EMILE), né à Paris, élève de MM. Humbert, Japy et Maignan, — rue de Berlin, 31.

331 — *Une vacherie de Paris.*

LAHURE (Edmond), né au Havre, élève de MM. Wachsmith et Lhullier, — à Villequier.

332 — *Le marché du Cours, à Nice.*

LAISSEMENT (Adolphe-Henri), né à Paris, élève de M. Cabanel, — rue de Rome, 97.

333 — *Le père Auvray.*

LAMONT (Mlle Lella), née à Londres, de parents écossais, élève de MM. P. Dubois, Lefebvre et Boulanger, — rue Rennequin, 59.

334 — *Vieille normande à son rouet.*

335 — *Mimosa et violette.*

LAMY (François-Edouard), né à Salins (Jura), élève MM. Lhullier et Cabanel, — avenue du Maine, 56.

336 — *Paysage d'automne.*

LANDELLE (Charles), né à Laval, élève de P. Delaroche, — **H. C.**, — ✻, — à Etretat.

337 — *La chanson de Mignon.*

« Connais-tu le pays où fleurit l'oranger... »

338 — *Petite fille de Tlemcen (Algérie).*

LANDELLE (Georges), né à Paris, élève de MM. Landelle et Cabanel, — quai Voltaire, 17.

339 — *Petite fileuse au rouet, en Normandie.*

LANDRÉ — (Mlle Louise-Amélie), née à Paris, élève de MM. Chaplin et F. Barrias, — rue du Faubourg-Saint-Honoré, 233.

340 — *Ah! qu'il est doux de ne rien faire!*

341 — *Ophélie.*

LANFANT-DE-METZ, né à Metz, — au Havre, chez M. Lebas, rue du Chilou.

342 — *Apothéose du Petit-Poucet.*

343 — *Le retour des glaneuses.*

LANGHARD (Adolphe), né à Stammheim (Suisse), élève de MM. Bouguereau et T. Robert-Fleury, — boulevard Saint-Michel, 139.

344 — *Les modèles* (*étude*).

LANSYER (Emmanuel), né à l'île de Bouin (Vendée), élève d'E. Viollet-le-Duc, Courbet et Harpignies. — **H.C.**, — ✻, — quai Bourbon, 29.

345 — *Bateaux échoués à Dieppe.*

346 — *Temps d'orage* (*marine*).

LA ROCHENOIRE (Julien de), né au Havre, élève de Troyon et Corot, — rue de Provence, 66.

347 — *La vache qui se gratte* (*Bléville*).

348 — *Animaux en route pour le marché* (*Calvados*).

LAROZE (Gustave), né à Paris, élève de M. Carolus-Duran, — rue de l'Université, 169.

349 — *Lilas.*

350 — *Potiron et œufs* (*nature morte*).

LASELLAZ (Gustave), né à Paris, élève de M. Lequien, — rue Ravignan, 13.

351 — *Dans les champs.*

352 — *La brodeuse.*

LATENAY (Gaston de), né à Toulouse, — à Montpellier, rue de la Merci, 9.

353 — *Le calme* (*Pas-de-Calais*).

LAUGÉE (Désiré-François), né à Maromme (Seine-Inférieure), élève de Picot, — **H.C.**, — à Nauroy, par Bellicourt (Aisne).

354 — *En automne.*

355 — *Repriseuse.*

LAURENS (Jules-Joseph-Augustin), né à Carpentras, élève de M. B. Laurens, — **H.C.**, — rue Bréa, 7, et à Carpentras, boulevard des Platanes, 2.

356 — *Chrysanthèmes variés.*

LAURENT-DESROUSSEAUX (Henri-Alphonse-Louis), né à Joinville-le-Pont, élève de M. A. Maignan, — **H.C.**, — rue Hippolyte-Lebas, 12.

357 — *Dernière heure.*

358 — *Le départ.*

LAVIEILLE (Mme Marie-Adrien), née à Paris), élève de M. J. Blanc, — rue Soufflot, 5.

359 — *Une maison hospitalière, souvenir de Normandie.*

LÉAUTÉ (Émile-Hippolyte), né à Blois, élève de M. Busson, — à Pont-Levoy (Loir-et-Cher).

360 — *Au bord de la Braye.*

LEAUTEZ (Mlle Marie), née à Troyes (Aube), élève de MM. Ségé et Ad. Moreau, — à Troyes, rue Jaillant-Deschainets, n° 22.

361 — *Les bords de la Seine, à Courcelles (Aube).*

362 — *Au printemps.*

LE BIHAN (Alexandre), né à Langonnet (Morbihan), élève de M. Cabanel, — à Quimperlé (Finistère), châlet Saint-Yves, et à Paris, rue Bourbon-le-Château, 1.

363 — *Suzanne au bain.*

LE CAMUS (Louis), né à Paris, élève de MM. Bonnat et Carolus-Duran, — rue de l'Abreuvoir, 18.

364 — *La route de Monaco.*

LECOMTE (Paul), né à Paris, élève de MM. Lambinet et Harpignie, — rue Albouy, 22.

365 — *L'ancien parc aux huîtres de Ste-Adresse.*

366 — *Vue prise à Honfleur, derrière l'hôpital.*

LECREUX (GASTON-ALFRED), né à Paris, élève de MM. Noël, Bouchet et Bonnefoy, — rue d'Aumale, 5 et 7.

367 — *Chrysanthèmes.*

LÉENHARDT (MAX), né à Montpellier, élève de MM. E. Michel et Cabanel. — **EX.**, — boulevard Montparnasse, 49.

368 — *En famille.*

369 — *Souvenir d'antan.*

LEFEBVRE (ERNEST), né au Havre, — à Rouen, rue Armand-Carrel, 57.

370 — *Armes et Coran du Cheik.*

371 — *Préparatifs d'une mayonnaise.*

LEFEBVRE (GEORGES), né à Cezy (Yonne), élève de M. Gérome, — rue du Cherche-Midi, 55.

372 — *Une proposition dangereuse.*

373 — *Effet de pluie.*

LEFEBVRE (Mlle JUSTINE), née au Havre, élève de MM. J. Lefebvre et Boulanger, — au Havre, quai d'Orléans, 23.

374 — *Portrait de Mme L...*

375 — *Etude.*

LEFEBVRE (Mme MATHILDE), née à Fécamp, élève de M. E. Lefebvre — à Rouen, rue Armand-Carrel, 57.

376 — *Chez le jardinier.*

LEGENDECKER (PAUL), né à Paris, élève de M. Gérome, — impasse du Maine, 16.

377 — *Les bords de la Marne.*

LÉGER (HENRY), — au Havre, rue de Tourneville, 37.

378 — *Avant la leçon ; Portrait de M. T...*

379 — *Mignonnette.*

LÉGER (Henri-Pierre), né à Paris, élève de M. Bergeret, — rue Frochot, 4, chez M. Bergeret.

380 *Fleurs et fruits.*

LEGOUT-GÉRARD (Fernand), né à Saint-Lô (Manche), — rue Vignon, 13.

381 — *Sous les Fontes. Honfleur*

382 — *Whip (portrait).*

LEJEUNE (Eugène), né à Beaumont-les-Autels (Eure-et-Loir), élève de P. Delaroche et de Gleyre, — rue Boissonnade, 14.

383 — *Les lapins.*

LELEUX (Adolphe), né à Paris, — **H. C.**, — ✵, — rue Bonaparte, 22.

384 — *Forgeron.*

385 — *Maréchal ferrant.*

LE LIÈVRE (Maurice), né à Lille, élève de MM. Harpignies et J.-P. Laurens,— **EX.**,— rue Notre-Dame-des-Champs, 37

386 — *Bord de Loire.*

LEMATTE (Jacques-François-Fernand), né à St-Quentin (Aisne), élève de M. Cabanel, — **H. C.**, — à Paris, chez MM. Tripp et Arnod, rue St-Georges, 8.

387 — *Sainte Madeleine.*

388 — *Portrait.*

LE MARIÉ DES LANDELLES (Emile), né à Pontorson (Manche), élève de MM. Pelouze et Rapin, — **EX.**, — rue de Moscou, 11 *bis.*

389 — *Une rue à Nouan-Le-Fuzelier.*

390 — *Sur la route de la corniche Grimaldi (Italie).*

LEMÉNOREL — (ERNEST-EMILE), né à Paris, élève de M. Luminais, — à Villiers-le-Bel (Seine-et-Oise), — rue du Coutel-Malassis, 8.

391 — *L'empoisonneuse La Voisin.*

« Loin d'être accablée à la pensée de l'épouvantable mort qui l'attendait, elle passait son temps à boire et à chanter et montrait le plus grand cynisme. »

LEON Y ESCOSURA (IGNACE DE), né à Oviedo (Espagne), élève de M. Gérome, — rue de la Faisanderie, 21.

392 — *Le départ des hôtes.*

393 — *Le drapeau de l'ennemi.*

LE PERRIER (Mlle ALICE), née au Havre, — rue Jules-Lecesne, 53, Havre.

394 — *Les rosiers de la terrasse.*

395 — *Portrait de Madame P***.*

LEPIC (LUDOVIC-NAPOLÉON), né à Paris, élève de M. Cabanel, — **EX.**, — chez M. Mary, rue Chaptal, 26.

396 — *La plage d'Yport.*

LE POITTEVIN (LOUIS), né à Neuville-Champs-d'Oisel (Seine-Inférieure), élève de M. Bouguereau, — **EX.**, — rue de Montchanin, 10.

397 — *Le val d'Antifer, Etretat.*

LESSORE (HENRI-ÉMILE), né à Paris, élève de M. H. Flandrin, — quai de Gesvre, 2.

398 — *Vieille paysanne.*

399 — *La gorge au loup, forêt de Fontainebleau.*

LETSCH (LOUIS), né à Bregenz (Tyrol), élève de M. Pierre Dupuis, — boulevard Rochechouart, 35.

400 — *Le petit curieux.*

401 — *Bords de la Marne, St-Aulde.*

LE VILLAIN (Auguste-Ernest), né à Paris, élève de M. Guiaud, — rue Brémontier, 48.

402 — *Ancienne demeure seigneuriale au Croisic (Loire-Inférieure).*

403 — *Dernier sourire d'automne. Environs de Combs-la-Ville.*

LICOURT (Paul), né à Divry-sur-Meuse, — à Nancy, rue de Guise, 14.

404 — *Sur la Moselle, à Messein (Lorraine).*

LINGUET (Henri), né à Paris, — rue de Lancry, 53.

405 — *En Normandie : Effet de neige.*

406 — *L'hermitage, — chez M. Déat, — Ste-Adresse.*

LIX (Frédéric-Théodore), né à Strasbourg (Alsace), élève de Drolling et Biennoury, — **EX.**, — rue Notre-Dame-des-Champs, 86.

407 — *Une Alsacienne.*

LIZÉ (Charles), né à Elbeuf, élève de MM. H. Le Roux et J.-P. Laurens, — à Rouen, rue de Crosne, 57.

408 — *Novembre (Paysage).*

409 — *Le Phare.*

LOIR (Luigi), né à Goritz (Autriche), de parents français, élève de l'Ecole des Beaux-Arts de Parme, — **H. C.**, — rue Turbigo, 89.

410 — *Crépuscule.*

411 — *Effet de neige.*

LOS RIOS (Ricardo de), né à Valladolid (Espagne), — rue de Châteaudun, 46.

412 — *Nature morte.*

413 — *Temps gris ; marine.*

LUMINAIS (Évariste), né à Nantes, élève de L. Cogniet et de Troyon, — **H. C.**, — ✻, — rue de Laval, 26 (avenue Frochot).

414 — *A plus pauvre que soi.*

415 — *Prisonnières évadées.*

LUMINAIS (Mme Hélène-Victorine-Charlotte), née à Paris, élève de M. Luminais, — boulevard Lannes, 17.

416 — *Un nid de colombes.*

417 — *Guerrier à cheval.*

MAIGRET (Georges-Edmond), né à Paris, élève de M. Gérome, — chez MM. Rey et Perrot, rue de la Rochefoucauld, 51.

418 — *En promenade.*

MAILLART (Roger), né à Paris, élève de son père, — rue de Furstemberg, 6.

419 — *Les bords du Loing, à Nemours (Seine-et-Marne).*

MAISIAT (Joanny), né à Lyon, élève de l'Ecole de Lyon, — **H. C.**, — à Vignely, par Esbly (Seine-et-Marne) et à Paris, rue Frochot, 5.

420 — *Un sous bois au premier printemps.*

421 — *Pêches à terre.*

MALLET (Joseph-Xavier), né au Teil-d'Ardèche, — rue Aumont-Thiéville, 6.

422 — *Un coup de mistral sur le Rhône.*

MARAIS (Adolphe), né à Honfleur (Calvados), élève de MM. Busson et Berchère, — **H. C.**, — rue Vaneau, 52.

423 — *Jeune fille conduisant son troupeau, environs d'Honfleur.*

(Appartenant à M. Seigneuré.)

MARCOTTE DE QUIVIÈRES (AUGUSTIN-MARIE-PAUL), né à Mérignac (Gironde), élève de Bouguereau, — boulevard Malesherbes, 113.

424 — *Marée basse.*

425 — *La Seine, à Canteleu.*

MAREC (VICTOR), né à Paris, élève de J.-P. Laurens, — **H. C.**, — rue Basfroi, 11.

426 — *Sandaliers basques, espagnols.*

427 — *Souvenirs et regrets.*

MARINIER (ERNEST), né à Paris, élève de MM. Gérome, Lefortier et Benjamin-Constant, — rue de La Tour-d'Auvergne, 43.

428 — *Étang, à Breteuil-sur-Iton (Eure).*

MARTIN (EUGÈNE-PROSPER), né au Havre, élève de L. Coignet et Ernest Hébert, — au Havre, rue Bernardin-de-St-Pierre, 2.

429 — *Une victime.*

430 — *Harfleur.*

MARTIN (HENRI-GUILLAUME), né à Toulouse, élève de M. J.-P. Laurens, — **H. C.**, — rue Denfert-Rochereau, 89.

431 — *Charité; allégorie.*

MARTIN DES AMOIGNES (PAUL), né à Saint-Benin-d'Azy (Nièvre), élève de MM. Hanoteau et J. Blanc, — rue Boissonnade, 6.

432 — *Misère.*

MAUFRA (MAXIME), né à Nantes, élève de MM. A. Leduc et Ch. Le Bourg, — à Nantes, rue de La Chalotais, 2.

433 — *Le vieux pont de Primil, à Nantes, temps de pluie, effet d'hiver.*

434 — *Marée montante, côte de Batz (Loire-Inférieure).*

MAUPASSANT (GUSTAVE DE), né à Bernay, élève de MM. H. Bellangé et L. Cogniet, — boulevard des Batignolles, 72.

435 — *Cour de ferme à Châtelguyon.*

436 — *Châtelguyon, vu de la Limagne.*

MAZE (Mme ANNA-MARGUERITE, née PITOLET), née à Paris, élève de Mme Elisa Le Guay et de MM. Lalanne et Lhuillier, — au Havre, rue Diderot, 11.

537 — *Coin de ferme à Bornambuse.*

438 — *Bouquet de roses.*

MÉNARD (ÉMILE-RENÉ), né à Paris, élève de Baudry, et de MM. Bouguereau et T. Robert-Fleury, — place de la Sorbonne, 3.

439 — *Un peintre.*

MERCIER (Mlle LOUISE), née à Paris, élève de son père et de M. J. Lefebvre, — rue de Lille, 19.

440 — *Intérieur mauresque.*

MERLOT (ÉMILE-JUSTIN), né à Saints-en-Puysaye (Yonne), élève de MM. Lavieille et Harpignies, — rue de la Santé, 11.

441 — *Les vaches au pâturage.*

MERWART (PAUL), né en Russie, de parents français, élève de H. Lehmann et de Pils, — Avenue Frochot, 13.

442 — *Impromptu.*

« C'était un impromptu de Chopin sûrement,
Lui seul a ces accords qui bercent la pensée,
Comme une fleur d'avril par le vent carressée..... »

Georges DUVAL.

443 — *Rosine; étude.*

MEZZARA (FRANÇOIS), né à Paris, élève de son père, — rue St-André-des-Arts, 52.

444 — *Ecrevisses et légumes.*

445 — *Légumes et volailles.*

MEZZARA (CHARLES), né à Paris, élève de son père, — quai St-Michel, 19.

446 — *La prière.*

MINET (EMILE-LOUIS), né à Rouen, élève de MM. Humbert, Gervex et Guillemet, — rue de la Chaussée-d'Antin, 23.

447 — *Sur le chemin de l'Ecole.*

MONGINOT (CHARLES), né à Brienne (Aube), élève de Couture, — **H. C.**, — rue d'Assas, 84.

448 — *Un fureteur.*

449 — *Pêches au sucre.*

MONTHOLON (FRANÇOIS DE), né à Paris, élève de MM. Dardoize, G. Boulanger et J. Lefebre, — rue des Martyrs, 20.

450 — *Ruisseau sous bois.*

451 — *Le chemin du village.*

MOREAU DE TOURS (GEORGES), né à Ivry (Seine), élève de MM. Cabanel et W. Marquerie, — **H. C.**, — rue Claude-Bernard, 51.

452 — *La mort de Pichegru.*

MOREAU-VAUTIER (CHARLES), né à Paris, — élève de M. Gérome, — boulevard Montparnasse, 81.

453 — *La lessive au régiment.*

454 — *Tête de marin, étude.*

MORLON (ANTOINE-PAUL-EMILE), né à Sully-sur-Loire (Loiret), — **H. C.**, — rue de l'Orient, 9.

455 — *Lancement d'un bateau de sauvetage allant au secours d'un navire incendié.*

456 — *Arrivée d'un bateau de pêche, à Yport.*

MOTTEZ (HENRI-PAUL), né à Londres, de parents français. élève de MM. W. Mottez et de J. Lefevre, — à Bièvres. (Seine-et-Oise).

457 — *Le matin.*

MOUTOT (Mme Eugénie), née à Pont-à-Mousson, élève de M. J. Jeannin, — Pont-à-Mousson, rue des Boulevards, 50.

458 — *Lilas.*

MOUTTE (Alphonse), né à Marseille, élève de Meissonier. — **H. C.**, — rue Sylvabelle, 110, Marseille.

459 — *Danse champêtre (Provence).*

460 — *Arlésiennes (Provence).*

MURATON (Mme Euphémie), née à Beaugency, élève de M. A. Muraton, — **EX.**, — rue Duperré, 17.

461 — *Fruits d'automne.*

MUSIN (Auguste), né à Ostende, — à Bruxelles, rue de la Limite, 114.

462 — *La fin d'un jour d'automne sur l'Escaut.*

463 — *Un calme sur la Durme (Flandre).*

MUSIN (François), né à Ostende, — Bruxelles, rue de la Limite, 114.

464 — *Gros temps en rade d'Ostende.*

NANTEUIL (Paul), né à Paris, élève de L. Cogniet et Hesse. — rue Ballue, 15.

465 — *La Vieille et les deux servantes (La Fontaine, Fables, liv. V, 6.)*

NEL-DUMOUCHEL (Jules), né au Havre, élève de Baudry et de M. Gérome, — rue Duperré, 9.

466 — *Nymphe.*

NICOLLE (Emile-Frédéric), né à Rouen, élève d'E. Berat, — ✾, — à Rouen, rue du Champ-des-Oiseaux, 68 *bis*.

467 — *Avant-port de St-Valery-en-Caux.*

468 — *Jetée d'aval, à St-Valery-en Caux.*

NOBILLET (Auguste-Michel), né à Vitré (Ille-et-Vilaine) élève de MM. Vernier et P. Vayson, — à Courbevoie, avenue Gabrielle, 10.

469 — *Rosier, étude.*

470 — *Cour de ferme (Bretagne).*

NONCLERCQ (Elie), né à Valenciennes, élève de M. Cabanel, — **H. C.**, — avenue des Ternes, 92.

471 — *Avant le départ.*

NOZAL (Alexandre), né à Paris, élève de M. Luminais, — **H. C.**, — rue La Fontaine, 26.

472 — *Etang de l'Ilette, à Mortefontaine.*

473 — *Fin de journée, sur la falaise d'Etretat,*

OGIER (Charles), né à Nantes, — boulevard Montparnasse, 73.

474 — *Au pays basque.*

OLARIA (Frédéric), né à Valence (Espagne), élève de M. Domingo, — avenue Hoche, 36.

475 — *Fleurs.*

476 — *Nature morte.*

OLIVIÉ (Léon), né à Narbonne, élève de L. Cogniet, — **EX.**, — à Étretat, chalet de la Passée.

477 — *Frayeur.*

478 — *Portrait de M. Aubourg.*

PÉCRUS (François-Charles), né à Limoges, — rue Fontaine-Saint-Georges, 42.

479 — *Partie d'échecs.*

480 — *Joueur de barre.*

PÉRAIRE (Paul-Emmanuel), né à Bordeaux, élève de MM. Isabey et Luminais, — **EX.**, — rue des Martyrs, 20.

481 — *Brouillard du matin, Les Andelys.*

482 — *Le Château-Gaillard, Les Andelys.*

PERREY (Louis-Justin-Maurice), né à Gray (Haute-Saône), élève de MM. Rivey, Maignan et Roll, — rue de Laval, 13.

483 — *L'orpheline.*

« A douze ans, seule au monde, à travers la forêt,
Un cahier dans la main, allant d'un pas distrait,
Elle songe à la vie, au devoir, à l'étude,
Sans encore entrevoir la froide solitude... »

(Gabriel Prévost. — *Les Maudites.*)

PERRICHON (Georges), né à Paris, — à Andeville (Oise), et à Paris, chez M. Olivier, rue de Passy, 52.

484 — *Les bords du Cherain.*

485 — *La Seine, à Suresnes.*

PETITJEAN (Edmond), né à Neufchâteau (Vosges), — **H.C.**, — rue Alfred-Stevens, 3.

486 — *Le quartier Saint-François, au Havre.*

487 — *La rue de Paris, au Havre.*

PETIVILLE (Henri de), né à Saint-Sever (Calvados), élève de MM. Carolus-Duran et Damoye, — à Vire (Calvados), place Castel, 2.

488 — *Les monts de Boullours, Vire (Calvados).*

489 — *L'étang de Saint-Jean-du-Bois (Sarthe).*

PEYROL (Mme Juliette, née Bonheur), née à Paris, élève de son père, — rue de Crussol, 14.

490 — *La falaise.*

PEZANT (Aymar), né à Bayeux (Calvados), élève de M. Vuillefroy, — place Dancourt, 10.

491 — *Au printemps dans les prés, environs de Bayeux.*

PHARAON (Mlle Jeanne), née à Médéah (Algérie), élève de M. Barrias, — rue du Mont-Dore, 11.

492 — *Fleurs et fruits.*

PICOU (Eugène), né à Nantes, élève de l'Ecole des Beaux-Arts, — **H. C.**, — à Nantes, impasse Rosière, 15.

493 — *L'homme et la chimère.*

PINEL (GUSTAVE), né à Riceys (Aube), élève de MM. Barrias et Bonnat, — **EX.**, — cité des Fleurs, 56.

494 — *Intérieur, Djara* (*Tunisie*).

PINTA (AMABLE-LOUIS), né à Ervy (Aube), élève de MM. Dupuis, Justin-Ouvrié et Daubigny, — rue du Cardinal-Lemoine, 62.

495 — *Marine.*

PIOT-NORMAND (ALEXANDRE), né à Pont-l'Evêque (Calvados), élève de Picot, — rue Bochard-de-Saron, 9.

496 — *Une pierrette.*

497 — *Tête, étude au soleil*

PODESTA (Mme MARIE-LOUISE), née à Bordeaux, — au Havre, rue St-Quentin, 63.

498 — *Gibier et fruits.*

499 — *Fruits.*

POIRIER (PAUL-THÉODORE), né à Paris, élève de Cormon, — rue Rodier, 62.

500 — *Nouvelles fleurs.*

POMEY (LOUIS), né à Paris, élève de MM. Ch. Vallet et Lobrichon, — boulevard Lannes, 39.

501 — *Le perroquet favori.*

502 — *Inflexible* ! !

POMEY (Mlle THÉRÈSE), née à Paris, élève de son père,— boulevard Lannes, 39.

503 — *Portrait de Mlle E. V***.*

PORNIN (JULES), né à Vendôme (Loir-et-Cher), — rue de Maubeuge, 51.

504 — *Vue du Pont-Neuf.*

505 — *Les bruyères à Lineil* (*Seine-et-Oise*).

POZIER (Jacinthe), né à Paris, élève de MM. G. Boulanger, J. Lefebvre et Renouf, — quai de Valmy, 93.

506 — *Le matin, bords de l'Epte.*

507 — *Le chemin du lavoir, à Craquy-sur-Epte.*

PRADELLES (Hippolyte), né à Strasbourg, élève de MM. G. Guérin et G. Brion, — à Bordeaux, rue des Trois-Conils, 46.

508 — *Le port Saint-Jean, à Cabara : Sainte-Terre (Gironde).*

PREVOT (Mlle Maria), née à Villeneuve-sur-Yonne, élève de MM. Carolus-Duran et Henner, — rue Legendre, 11.

509 — *Portrait de M. de G....*

510 — *Sapho.*

PRÉVOST-ROQUEPLAN (Mme Camille), née à Mallemort (Bouches-du-Rhône), élève de M. A. Stevens, — rue Duperré, 7.

511 — *Fleurs, soucis et bleuets.*

512 — *Apparition ; tête de femme sortant d'un buisson de fleurs.*

PRIOU (Louis), né à Toulouse (Haute-Garonne), élève de M. A. Cabanel, — **H. C.**, — rue Clausel, 10.

513 — *Duo vénitien.*

514 — *Une liseuse.*

PRUNIER (Gaston), né au Havre, élève de MM. Lhullier, Cabanel et Colin, — avenue du Maine, 52.

515 — *Un coin au soleil, Passy.*

516 — *Paysage à Vannes, effet de soleil.*

QUINET (Charles), rue Vieille-du-Temple, 64.

517 — *Falaises de Villerville.*

518 — *Etang de Saint-Cucufa.*

QUINSAC (Paul), né à Bordeaux, élève de M. Gérome, — rue Coustou, 8.

519 — *Le bain.*

RAPIN (Alexandre), né à Noroy-le-Bourg (Haute-Saône), élève de MM. Gérome et Français, — **H. C.**, — ✻, — rue de Bourgogne, 52.

520 — *Près bois des Fontenottes.*

521 — *Le sentier à Torpes (Doubs).*

522 — *L'automne.*

RALLI (Théodore), né à Constantinople de parents grecs, élève de M. Gérome, — rue Brémontier, 30.

523 — *La veillée du pacha, à Maroc.*

RECIPON (Georges), né à Paris, élève de MM. A. Dumont, J. Thomas et Français, — impasse du Maine, 11.

524 — *Les derniers sillons.*

RENOUF (Emile), né à Paris, élève de MM. Boulanger, J. Lefebvre et Carolus-Duran, — **H. C.**, — rue Dautancourt, 37.

525 — *Le cabestan.*

525 *bis* — *Portnair de M*me ***.

RICHEMOND (Alfred-Paul-Marie de), — rue Bayen, 27 *bis* (Ternes).

526 — *Tableau de genre.*

RICHET (Léon), né à Solesmes (Nord), élève de Diaz et de MM. J. Lefebvre et G. Boulanger, — rue Rochechouart, 67.

527 — *Près Chantilly.*

528 — *Paysage.*

RICHOMME (Jules), né à Paris, élève de Drolling, — **H. C.**, — ✻, — cité Pigalle, 5.

529 — *Sur la falaise.*

530 — *La poupée.*

RIEDER (Marcel), né à Thann (Haut-Rhin), élève de M. Cabanel, — rue Notre-Dame-des-Champs, 109.

551 — *Étude.*

RIGOLOT (ALBERT-GABRIEL), né à Paris, élève de M. Allongé, — rue Brézin, 25.

552 — *Rouen et le val d'Eauplet.*

553 — *Matinée de septembre au port de Rouen.*

RIVET (AUGUSTE-EDOUARD), né à Paris, élève de son père, rue de Maistre, 60.

554 — *Ouverture de chasse.*

555 — *Fleurs d'août.*

RIVEY (ARSÈNE), né à Caen, élève de M. Bonnat, — **EX.**, — impasse Hélène, 15.

556 — *Seigneur sous Charles IX.*

557 — *Gentilhomme Henri II.*

ROBANDI (ALCIDE-THÉODULE), né à Nice, élève de M. Gérome, — rue Trézel, 15.

558 — *La leçon d'escrime.*

ROBERT-FLEURY (TONY), né à Paris, — **H. C.**, — ✻, — rue de Douai, 69.

559 — *Une carmélite.*

ROBIQUET (Mlle MARIE-AIMÉE), née à Avranches, élève de M. Barrias, — avenue de Villiers, 72.

540 — *La folle.*

« Errante, elle demande aux enfants d'alentour
Une fleur qu'elle a vue un jour en Allemagne,
. . . .
Elle a fait ce voyage et depuis son retour
L'incurable langueur du souvenir la gagne
. . . .

Les Epreuves. (SULLY-PRUDHOMME.)

ROCCA (ALFRED DE LA), né à Macau (Gironde), élève de Auguin, — à Bordeaux, rue Turenne, 19.

541 — *Sortie du village de Parentis (Landes).*
4 Panneaux dans un cadre :
1° *Chemin dans les bois de pins, — Avril.*
2° *Au printemps, — Parentis.*
3° *Journée grise, — Labrède.*
4° *Dans mon jardin, — Parentis.*

RONGIER (Mlle JEANNE), née à Mâcon, élève de MM. Harpignies et Luminais, — **EX.**, — rue Fontaine-Saint-Georges, 42.

542 — *Portrait de Mlle A. T...*

543 — *Panneaux paysages :*
1° *Ile de Noirmoutiers.*
2° *Côte de Pornic.*
3° 4° *Plage du Tréport.*

ROUILLÉ (LÉON), né à Pontlevoy (Loir-et-Cher), élève de MM. J. Lefebvre, G. Boulanger et Le Poitevin, — rue Denfert-Rochereau, 95.

544 — *Les falaises de Courtine, — côte normande.*

545 — *Un coin du bois de Boulogne.*

SAÏN (PAUL), né à Avignon, élève de MM. Guilbert-d'Anelle et Gérome, — **EX.**, — rue du Dragon, 33.

546 — *La Seine, à Billancourt.*

547 — *Une belle après-midi.*

548 — *La mare, environs d'Avignon.*

SALLES (JULES), né à Nîmes, élève de P. Delaroche, — rue Blanche, 44.

549 — *Suissesse dans les glaciers.*

SALLES-WAGNER (Mme ADÉLAÏDE), née à Dresde, naturalisée Française, élève de L. Cogniet, — rue Blanche, 44.

550 — *Hébé.*

SAUTAI (PAUL-EMILE), né à Amiens, élève de MM. J. Lefebvre et Robert-Fleury, — **H. C.**, — ✻, — rue Notre-Dame-des-Champs, 74.

551 — *L'office chez les capucins.*

SANZAY (JACQUES-ADRIEN), né à Paris, élève de M. A. Pasini, — **H. C.**, — rue d'Orsel, 19.

552 — *Etaples (Pas-de-Calais).*

553 — *Le village de Marcilly, — Sologne.*

SÉBILLEAU (Mme ISABELLE, née SPRENGER), née à Bordeaux, élève de MM. Auguin et Jeannin, — à Bordeaux, rue Duplessis, 14.

554 — *Roses.*

555 — *Roses.*

SÉBILLEAU (PAUL), né à Bordeaux, élève de M. Auguin, — à Bordeaux, rue Duplessis, 14.

556 — *Matinée à Antibes (Alpes-Maritimes).*

557 — *Un soir à Collioure (Pyrénées-Orientales).*

SCHERRER (JEAN-JACQUES), né à Lutterbach (Alsace), élève de MM. Cabanel, Barrias et Cavelier. — **EX.**, — impasse du Maine, 9.

558 — *Le billet de logement.*

SCHLÉSINGER (HENRI), né à Francfort-sur-Mein (Prusse), naturalisé Français, élève de l'Académie de Vienne (Autriche), — **H. C.**, — ✻, — rue Treilhard, 15.

559 — *Petite coquette.*

SHOMBORN (JOHN-LEWIS), né à Némora (États-Unis d'Amérique), élève de MM. Cranck et Bonnat, — à Senlis (Oise), rue Bellon, 22.

560 — *L'école buissonnière.*

561 — *Rentrée du labour.*

SIMON (Ernest-Constant), né à Paris, élève de MM. Dardoise, Cabanel et Carolus-Duran, — rue Coëtlogon, 4.

562 — *Chrysanthèmes.*

563 — *Coquelicots.*

SMITH (Alfred), né à Bordeaux, élève de MM. Chabry, Pradelles, Baudit, — à Bordeaux, rue de Pessac, 36.

564 — *Matinée de novembre.*

TACONET (Mlle Jeanne), née à Orléans, élève de M. Bourgogne, à Versailles, rue de Mouchy, 2.

565 — *Fleurs d'été.*

566 — *Un punch.*

TAUZIN (Louis), né à Bordeaux, — à Bellevue (Seine-et-Oise), sentier des Pierres blanches, 4, et à Paris, boulevard St-Michel, 66.

567 — *Le dimanche à Meudon.*

568 — *Le passeur, bas Meudon.*

TAVERNIER (Paul), né à Paris, élève de MM. Cabanel et Guillaumet, — **EX.**, — à Fontainebleau, rue Royale, 38, et à Paris, 17, cité Malesherbes.

569 — *Chasseur et chiens.*

THÉBERGE (Gaston), né à Paris, — au Havre, rue Thiers, 73.

570 — *Deux panneaux, étude.*

571 — *Deux panneaux, étude.*

THIERRY DE VILLE-D'AVRAY (Arthur), né à St-Nazaire, élève de M. Renouf, — à Honfleur, quai St-Etienne.

572 — *Vapeur « Hermon », échoué près d'Honfleur.*

573 — *La rue Haute, à Honfleur, vue de la mer.*

THIOLLET (Alexandre), né à Paris, élève de Drolling et de M. Robert-Fleury, — **H. C.**, — rue Chabrol, 16.

574 — *La côte normande.*

THIVIER (Emile-Louis), né à Paris, élève de MM. Lehmann et J. Laugée,— rue de Longchamps,136, et à Honfleur, rue Boulanger, 18.

575 — *Pêcheuses de moules,— marée montante, à Honfleur.*

THOMAS (Charles-Armand), né à Paris, élève de M. V. Leclaire, — **EX.**, — rue de Navarin, 12.

576 — *Fête à l'atelier.*

577 — *Roses.*

THOREN (Othon de), né à Vienne (Autriche), — **H. C.**, — ✻, — rue Blanche, 96.

578 — *La vache blanche.*

579 — *Dans la prairie ; vallée de la Touques.*

THURNER (Gabriel), né à Mulhouse (Alsace), élève de M. Chabal-Dussurgey, — **EX.**, — rue Blomet, 27.

580 — *Cerises et abricots.*

581 — *Panier de fleurs de cerises doubles.*

TILLIER (Paul), né à Le Bonpère (Vendée), élève de L. Cogniet, — boulevard de Courcelles, 64.

582 — *Bonjour.*

TIMMERMANS (Louis), né à Bruxelles, élève de l'Ecole des Beaux-arts de Bruxelles et de M. Portaels,— rue Aumont-Thiéville, 2.

583 — *L'Escaut à Anvers ; — matinée brumeuse, en décembre.*

TORRENTS (Stanislas), né à Marseille, — **EX.**, — rue Pergolèse, 12 *bis*.

584 — *Danseuse au repos.*

TRINOCQ (Abel), né à Paris, élève de M. Berthelon, — boulevard Pereire, 7.

585 — *Un petit coin ; environs de Poissy.*

586 — *Un fourré ; environs de Poissy.*

TRIPONEL (Mme Marie), née à Mulhouse, élève de MM. Meyer et Palandre, — à Versailles, rue de Beauvau, 1.

587 — *Giroflées.*

TRONEL (E.-C.), né à Elbeuf (Seine-Inférieure), élève de MM. J. Lefebvre et G. Boulanger, — villa de Montmorency, 4.

588 — *Intérieur (étude).*

589 — *Ma camarade.*

TROUPEAU (Ferdinand), né à Bordeaux, élève d'U. Butin, — rue Jacquemont, 1.

590 — *Iris, matin.*

TROUVILLE (Henri), né à Loudun, — à Barbizon (Seine-et-Marne).

591 — *Effet d'orage.*

UMBRICHT (Honoré), né à Obernai (Alsace), élève de MM. Bonnat, Feyen-Perrin et H. Le Roux, — **EX.**, — rue Lemercier, 30.

592 — *Elle m'aime encore.... beaucoup.... toujours !!! Souvenir à la Patrie.*

VALADE (Mlle Gabrielle-Marguerite-Marie), née à Montpellier, élève de Mme Thoret et de M. Parrot, — avenue de La Motte-Picquet, 9.

593 — *Portrait de Mme A. R***.*

594 — *Bohémienne.*

VALENTINO (Mlle Amélie), née à Metz, élève de MM. Henner et Carolus-Duran, — boulevard Malesherbes, 112.

595 — *La visite.*

VAN-DER-BOS (George-Pierre-Marie), né à Gand, élève de M. S. Lefebvre, — rue de Douai, 63.

596 — *Que dirai-je encore?*

VAUTHIER (PIERRE-LOUIS), né à Pernambouc (Brésil), élève de Lalanne, — rue Molitor, 18.

597 — *Paris, crue de la Seine, près de Bercy.*

VENAT (Mlle ISABELLE), née à Pau, élève de M. Barrias, — rue de Clichy, 15.

598 — *Les deux orphelines.*

VERDIER (JEAN-LOUIS-JOSEPH), né à Ischia (Italie), de parents français, élève de Gleyre, — rue Denfert-Rochereau, 23.

599 — *Maison de campagne.*

VERDIER (JOSEPH-RENÉ), né à Sasci (Sarthe), élève de A. Bonheur, — à St-Gervais, près-Blois.

600 — *La vallée de Puycerda (Espagne).*

VERNAND (Mlle MARIE-ALEXANDRINE), née à Paris, élève de D. Maillart, — rue Guénégaud, 5,

601 — *Aziza ; tête Juive.*

VILLEBESSEYX (Mme JENNY), née à Lyon, élève de MM. P. Rousseau, A. Millet et de Mme Gallois, — rue de Laval, 26.

602 — *Flox et magnolias.*

603 — *Chrysanthèmes.*

VUAGNAT (FRANÇOIS), né à Genève, de parents français, — à Bellerive, près Genève, et à Paris, chez M. Disand-Gredeluc, rue du Faubourg-Poissonnière, 54.

604 — *Au bord du lac.*

VOIGT (AUGUSTE), né à Hanovre, élève de l'Ecole des Beaux-arts de Vienne, — rue Fontaine-St-Georges, 40.

605 — *Sous bois.*

606 — *Vaches à la rivière.*

WAGREZ (Jacques), né à Paris, élève de Pils et de H. Lehman, — **EX.**, — rue du Val-de-Grâce, 6.

607 — *Sur la lagune. — Venise au XVe siècle.*

608 — *La fortune.*

WALLERSTEIN (Georges), né à Maisons-Laffitte (Seine-et-Oise), élève de MM. Yon et Sauzay, — rue Nouvelle, 6.

609 — *Le chemin de Marolles, près Poissy (Seine-et-Oise).*

WEBER (Alfred), né à Paris, élève de MM. P. Soyer et Cormon, — place de la Bourse, 3.

610 — *Portrait de mon frère (Expédition de Madagascar).*

611 — *Un chasseur inoffensif.*

WEBER (Théodore), né à Leipzic (Prusse), naturalisé français, — rue des Martyrs, 37.

612 — *Gros temps à Yport.*

613 — *Fécamp.*

WISLIN (Charles), né à Gray (Haute-Saône), élève de M. J.-P. Laurens, — avenue Wagram, 26.

614 — *Cour de ferme à Saint-Clair, près Etretat.*

WYLD (William), né à Londres — **H. C.**, — ✻, — rue Blanche, 27.

615 — *A Venise.*

616 — *La rue Babazoun à Alger, en* 1833.

ZWILLER (Auguste), né à Didenheim (Alsace), élève de MM. Thierry, Boulanger, et J. Lefebvre, — à Neuilly-sur-Seine, passage Masséna, 5 *bis*.

617 — *Dernier amour.*

618 — *Du mouron pour les petits oiseaux.*

YVON (Adolphe), né à Eschviller (Moselle), — **H. C.**, — ✻, — rue de la Tour, 156.

619 — *Portrait de S. E. Shu-King-Chen, ambassadeur de Chine à Paris.*

DESSINS

CARTONS, AQUARELLES, PASTELS, GRAVURES
EAUX FORTES
MINIATURES, ÉMAUX, FAIENCES

ADAM (Mlle Marie-Louise), née à Paris, élève de Mlle Duchynska, rue Clément-Marot, 18.

620 — *Portrait de Mme A***.* *Porcelaine.*
621 — *Portrait de M. A***.* *Porcelaine.*

ADRIEN (Mlle Marie), élève de Rivoire, née à Nantes, — rue Boissière, 26.

622 — *Panier de pivoines et rhododendrons.* *Aquarelle.*

ALLONGÉ (Auguste), né à Paris, élève de M. L. Cogniet — ✠, — rue Notre-Dame-de-Lorette, 44.

623 — *Sous la futaie, — parc de Martinvast (Manche).* *Fusain.*

APPIAN (Adolphe), né à Lyon, élève de Corot et de Daubigny, — **EX.**, — Lyon, villa des Fusains.

624 — *L'étang de Charollet.* *Fusain.*

AROSA (Mlle MARGUERITE), née à Paris, élève de MM. Barrias et Armand Gauthier, — rue Prony, 5.

625 — *Clélia.* *Pastel.*

BAILY (Mlle CAROLINE), née au Havre, élève de M. C. Belley, — avenue Trudaine, 25.

626 — *Neuf portraits.* *Miniatures.*

BAILY (Mlle MARGUERITE), née au Havre, — avenue Trudaine, 25.

627 — *Chinoiserie.* *Aquarelle.*

BEAU (ALFRED), né à Morlaix, élève de M. Isabey), — à Quimper, quai de l'Odet, 74.

628 — *Vieux sentier du Pont-l'Abbé, près Quimper.* *Aquarelle.*

BECQ-DE-FOUQUIÈRES (Mme LOUISE-MARIE), née à Paris, élève de Pils, — rue d'Anjou, 19.

629 — *Printemps.* *Pastel.*

630 — *Dessert d'hiver.* *Pastel.*

BEGOÜEN (FLORE), née au Havre, élève de MM. Duez et H. Leroux, — rue de Bercy, 35.

631 — *Italienne.* *Étude, pastel.*

BESSON (Mlle MARIE), née à Paris, élève de Mme Sarah Bernhardt, — boulevard de Vincennes, 26, à Fontenay-sous-Bois.

632 — *Portrait de Mme Sarah Bernhardt (en robe de chambre).* *Porcelaine.*

633 — *Portrait de Mlle S...* *Porcelaine.*

BIRONNEAU (Mlle MARIE-BLANCHE), née à Paris, élève de M. T. Robert-Fleury, — rue du Faubourg-Poissonnière, 62.

634 — *Margarita.* *(Pâte tendre.)*

BIVA (Henri), né à Paris, élève de M. Nozal, — rue du Château-d'Eau, 72.

635 — *Fleurs de la Toussaint.* *Aquarelle.*

636 — *Le matin, à Ville-d'Avray.* *Pastel.*

BIVA (Paul), né à Paris, — à la station de Franconville (Seine-et-Oise).

637 — *Un coin de Franconville (Seine-et-Oise).* *Pastel.*

BLANC (Mlle Lucie), née à Paris, élève de MM. Caminot et Penet, — rue Denfert-Rochereau, 47.

638 — *La vierge enfant.* *Email.*

639 — *La fée aux bijoux.* *Email.*

BOCHAND (Mlle Jeanne), née à Paris, élève de Mme Colin Libour et Fremiet, — avenue de Clichy, 127.

640 — *Hotte fleurie (capucines).* *Aquarelle.*

BOUCHOT (Mme Claire, née Chevalier), élève de Mme de Cool et de M. Camino, — rue Bonaparte, 47.

641 — *Diane.* *Email.*

BOÜET (Mlle Marie-Joséphine-Eugénie), née au Havre, élève de MM. Galbrund et Collas, — au Havre, rue de la Paix, 30.

642 — *Portrait de jeune fille.* *Pastel.*

643 — *Pivoines.* *Gouache.*

644 — *Paysage.* *Fusain.*

BOURGOIN (Désiré), né à Paris, élève de MM. Vibert et Detaille, — rue de Lancry, 7.

645 — *La leçon de piano.* *Aquarelle.*

646 — *La leçon d'écriture.* *Aquarelle.*

BRIEN (Mlle Marie), née à Nantes, élève de M. Rivoire, — rue Boissière, 26.

647 — *Panier de pivoines et rhododendrons.* *Aquarelle.*

BRUN (Mlle Nelly), née à Paris, élève de MM. Decan et de Landerset. rue du Faubourg-Saint-Honoré. 155.

648 — *Le Printemps.* *Aquarelle.*

649 — Un cadre contenant quatre miniatures.

Portrait de S. A. R. la princesse de Galles.
» *la comtesse de Montesson.*
» *Mlle Marthe de D. R***.*
» *Mlle Germaine L***.*

BRUNEAU (Charles), né à Angers, élève de M. Cabanel, — rue d'Abbeville, 3.

650 — *Enfants de pêcheurs ; Granville. Aquarelle.*

651 — *Vues prises à Saint-Païr et aux environs.* *Aquarelle.*

BURGKAN (Mlle Berthe), née à Paris, élève de MM. Boulanger, J. Lefebvre et T. Robert-Fleury, — rue de Charonne, 49.

652 — *Un Arabe.* *Pastel.*

CARBONNIER (Paulin), né à Paris, élève de MM. Allongé, Harpignies et Lalanne, — rue de Paradis, 51.

653 — *Eglise de Saint-Valery-en-Caux (Seine-Inférieure).* *Aquarelle.*

654 — *Chaumières à St-Valery-en-Caux (Seine-Inférieure).* *Aquarelle.*

CARON (Jacques-Albert), né à Paris, élève de MM. A. Bernard et Pellène, — rue de la Grande-Chaumière, 3.

655 — *Forêt de Fontainebleau. Étude.* *Aquarelle.*

656 — *Capri (Italie). Etude.* *Aquarelle.*

CHALON (Louis), né à Paris, élève de MM. J. Lefebvre et G. Boulanger, — cité Malesherbes, 16.

657 — *Marchande de fleurs, Égyptienne.* *Aquarelle.*

CHÉRON (Olivier), né à Soulangy (Calvados), élève de MM. Desbrosses et Guillemet, — boulevard Pereire, 147.

658 — *Le matin à Arromanche.* *Fusain.*

CORDIER (Raoul), né à Bayeux (Calvados), — rue de Grenelle-Saint-Germain, 24.

659 — *Une rue à Caudebec-en-Caux.* *Aquarelle.*

660 — *Quartier des tanneurs, à Caudebec-en-Caux.* *Aquarelle.*

DARDOISE (Émile), né à Paris, — **EX.**, — rue Coëtlogon, 4.

661 — *Sept dessins. — Notes de voyages.*

DAUX (Charles-Edmond), né à Reims, élève de M. Cabanel — boulevard Montparnasse, 116.

662 — *Etude.* *Pastel.*

DENEUX (Gabriel), né à Paris, élève de MM. Cabanel et Gérome, — rue Grenier-St-Lazare, 13.

663 — *Entrée du port du Havre.* *Aquarelle.*

664 — *Trouville.* *Aquarelle.*

DESJEUX (Mlle Emilie), née à Joigny (Yonne), élève de MM. Bouguereau et Vignal, — boulevard Montparnasse, 58.

665 — *Cour de ferme.* *Fusain.*

DEZAUNAY (Emile), né à Nantes, élève de MM. Delaunay et Puvis de Chavannes, — à Nantes, rue du Bocage, 1.

666 — *Coin de Loire.* *Aquarelle.*

667 — *Coin de Loire.* *Aquarelle.*

DIDIER (Jules), né à Paris, élève de MM. L. Cogniet et J. Laurens, — rue de Vaugirard, 59.

668 — *Un couvent à Rieti (Italie).*

(Cadre de 4 aquarelles.)

669 — *Un éventail.* *Aquarelle.*

DOLLÉ (Mlle Mariette), née à Compiègne, élève de Mlle Abbema, — rue Gay-Lussac, 78.

670 — *Portrait.* *Miniature.*

DRINOT (Mlle Sophie-Aline), née au Havre, élève de M. Graux et Mme James, — au Havre, rue Joseph-Clerc, 1.

671 — *Éventail sur peau* (d'après Chaplin).

DUCHYNSKA (Mlle Hélène), née à Tonneins, élève de M. T. Robert-Fleury, — rue de Moscou, 18.

672 — *Un lavoir à Seine-Port* (d'après Hugard). *Aquarelle.*

673 — *Un paysage.* *Aquarelle.*

DUMAX (Ernest), élève de Corot, — rue de Sèvres, 139.

674 — *Gros temps* (*Villerville*). *Fusain.*

675 — *Après l'orage* (*Villerville*). *Fusain.*

DURANGEL (Léopold-Victor), né à Marseille, élève de Wachsmuth et Horace Vernet. — **EX.**, — rue de Bruxelles, 30.

676 — *La nuit sur nous étend ses voiles.*

(Dessin pour dessus de porte.)

FONCE (Camille), né à Briare-le-Canal (Loiret), élève de MM. Fernandez et Collier, — chez M. Fernandez, rue St-Paul, 9.

677 — *Une saulaie à Seine-Port* (d'après M. Allongé). *Eau-forte.*

(Appartient à M. Frédérick Keppel, de New-York.)

678 — *La mare des Marchais* (*Loiret*). *Fusain.*

679 — *La mare des Marchais (Loiret).* *Pointe sèche.*

FRANK (ARMAND-FERDINAND), né à Aix-la-Chapelle, de parents français, élève de M. Hiolle, — rue Caumartin, 71.

680 — *Minerve.* *Camée sur onyx.*

FRÉCHON (CHARLES), né à Blangy-sur-Bresle (Seine-Inférieure), élève de MM. Lebel et Collin — Blangy-sur-Bresle.

681 — *Souvenir de Caudebec-en-Caux.* *Fusain.*

GABERG (Mme), née à Paris, élève de A. Le Perrier,—Havre, rue du Chilou, 32.

682 — *Roses.* *Aquarelle.*

GACHES (Mme CHARLES), née à Saint-Etienne (Loire), élève de MM. Barrias, Carolus-Duran et Henner, — boulevard de Courcelles, 40.

983 — *Etude d'enfant.* *Pastel.*

GALILÉ (Mlle CHARLOTTE), élève de Vergniaud, — rue des Ecluses-St-Martin, 4.

684 — *Tête de genre.* *Plateau faïence.*

685 — *Convoi d'Atala.* *Porcelaine.*

GALILÉ (Mlle JEANNE), élève de Vergniaud, rue des Ecluses Saint-Martin, 4.

686 — *Tête de genre.* *Plateau faïence.*

687 — *L'Amour captif.* *Porcelaine.*

GAULARD (FÉLIX-EMILE), né à Paris, élève de M. Savatelli, — **EX.**, — à Vincennes, rue de Montebello, 6.

688 — *Erato et l'Amour.* *Camée sur onyx.*

GÉLIBERT (GASTON), né à Bagnères-de-Bigorre (Hautes-Pyrénées), élève de son père, — rue Denfert-Rochereau, 47.

689 — *Cocker et faisan.* *Aquarelle.*

GÉLIBERT (JULES-BERTRAND), né à Bagnères-de-Bigorre (Hautes-Pyrénées), élève de son père, — **HC.**, — à Cap-Breton (Landes), et à Paris, rue Denfert-Rochereau, 47.

690 — *Ferme roulant (sanglier).* *Fusain rehaussé.*

GÉO-REMY (Mlle VIRGINIE), née à Paris, élève de Chaplin, — rue Basse-du-Château, 2, Nantes.

691 — *Demi-deuil.* *Pastel.*

GÉRARD (LUCIEN-ACHILLE), né à Paris, élève de M. Frank, — rue Caumartin, 71.

692 — *Hercule portant le monde.* *Camée, agate.*

GRAUX (JULES), né à Paris, élève de l'Ecole des arts et métiers, — au Havre, rue Frédéric-Bellanger, 50.

693 — *Cabane d'été, à Sainte-Adresse.* *Aquarelle.*

694 — *Cactus rouge. Eventail.* *Gouache.*

GRÉMAIN (ALEXIS-DÉSIRÉ), né à Rosendail-lez-Dunkerque (Nord), élève de MM. Meyer, Cabanel et Butin, — à Auteuil, villa Michel-Ange, 8.

695 — *Effet d'hiver.* *Aquarelle.*

696 — *Un coin de plage.* *Aquarelle.*

GRIVAZ (EUGÈNE), né à Genève, de parents français, élève de MM. J. Lefebvre et G. Boulanger, — avenue Gourgaud, 17.

697 — *Premier aveu.* *Aquarelle.*

GROS (ERNEST-MARIE), né à Châlons-sur-Marne, — rue Piat, 43.

698 — *Marine.* *Aquarelle.*

GUERRIER (ERNEST), né à Pont-l'Evêque (Calvados), — au Havre, rue Thiébaut, 93.

699 — *Fin de la journée.* *Dessin à la plume.*

700 — *Le coucher, d'après Frendeberg.* *Miniature.*

HAMEL (VICTOR), né à Fécamp, élève de M. P. Vasselin, — rue J.-L.-Leclerc, 46, à Fécamp.

701 — *Avant-port de I écamp à mer haute, vue prise de l'ancienne Bourse.* *Une gravure.*

702 — *L'entrée du port d'Honfleur, d'après le tableau de Morin.* *Une gravure.*

(Appartient au Musée du Havre.)

HÉMELOT (Mme MADELEINE), née à Troyes, élève de Schitz, — au Havre, rue Bernardin-de-St-Pierre, 7.

703 — *Tête, d'après une peinture ancienne.* *Pastel.*

704 — *Une rue de Troyes.* *Fusain.*

HENRY (Mlle MARIA), née à Grenoble (Isère), élève de MM. Boulanger, J. Lefebvre et T. Robert-Fleury, — à Grenoble, cours Berriat, 11 *bis*.

705 — *Une grive, d'après nature.* *Dessin à la plume et sépia.*

HILDEBRAND (HERMANN), né à Strasbourg, — à Bordeaux, rue Ausone, 16, et à Paris, chez M. Toussaint, rue du Dragon, 13.

706 — *Effet de soir, en hiver.* *Aquarelle.*

707 — *Etude.* *Aquarelle.*

HOMO (ALEXANDRE), né à Paris, élève de M. Póquignot et Guillemet, — cité Gaillard, 2.

708 — *Dieppe, vue du Polet.* *Aquarelle.*

709 — *Fécamp, quai Bérigny.* *Aquarelle.*

710 — *Honfleur, l'hôtel Vézier.* *Aquarelle.*

HUILLARD (Mme ESTHER), née à Sedan, élève de M. J. Machard, — rue Richer, 41.

711 — *Femme couchée.* *Pastel.*

712 — *Nadège ; étude.* *Pastel.*

IWILL (Marie-Joseph), né à Paris, élève de C. Kuwasseh et de M. Lausyer, — quai Voltaire, 11.

713 — *Matinée de printemps.* *Pastel.*

JEANNIN (Georges), né à Paris, **EX.**, — rue des Dames, 32.

714 — *La Vague.* *Aquarelle.*

JOURDEUIL (Adrien), né à Saint-Pétersbourg, de parents français, élève de MM. Bonnat, Bouguereau, T. Robert-Fleury et Pelouse, — passage Saulnier, 6.

715 — *Vue de Meudon. Neige au soleil couchant.* *Pastel.*

KLUMPKE (Mlle Anna-Elisabeth), née à San-Francisco (Etats-Unis d'Amérique), élève de MM. T. Robert-Fleury, J. Lefebvre et Boulanger, — rue de la Grande-Chaumière, 8.

716 — *Une merveilleuse.* *Pastel.*

LACROIX (Mme Gabrielle), née à Châtellerault, élève de Mme de Cool, — rue de Rennes, 106 *bis.*

717 — *Après la pluie.* *Aquarelle.*

LAMOTTE (Alphonse), né au Havre, élève de M. Henriquel-Dupont, — **H. C.**, — O ✠, — rue Hippolyte-Lebas, 6.

718 — *La Source*, gravure, d'après Munier.

719 — *L'Assomption*, gravure, d'après Murillo.

720 — *Souvenirs*, gravure, d'après Chapelin.

721 — *Mignon*, gravure, d'après Lefebvre.

LAMY (François-Edouard), né à Salins (Jura), élève de MM. Lhullier et Cabanel, — avenue du Maine, 56.

722 — *Un coin de verger.* *Aquarelle.*

723 — *Le crépuscule.* *Aquarelle.*

LANDELLE (CHARLES), né à Laval, élève de P. Delaroche.— H. C., — ✻, — à Étretat.

724 — *La petite bouquetière de Royat.* *Pastel.*

725 — *Ruth (étude).* *Pastel.*

LASELLAZ (GUSTAVE), né à Paris, élève de M. Lequien, — rue Ravignan, 13.

726 — *Sur la falaise.* *Aquarelle.*

LAURENCE-GALBRUND (Mlle MARIE), née à Paris, élève de Galbrund, — rue Weber, 3.

727 — *Une merveilleuse.* *Pastel.*

728 — *Marinette.* *Pastel.*

LE CAMUS (Mlle MARGUERITE-LUCIE), née à Boulogne-sur-Mer, élève de MM. Lhullier, Millet et Benjamin-Constant, — Havre, rue du Chilou, 40.

729 — *Portrait de Mme N***.* *Dessin.*

730 — *Portrait.* *Dessin-fusain.*

731 — *Portrait.* *Dessin.*

LECLERC (Mlle ANAÏS), née à Paris, élève de Mme Thoret et de M. Bouvart, — Havre, rue de Saint-Quentin, 49.

732. — *Portrait de Mlle M. P. C.* *Fusain.*

LECOMTE (PAUL), né à Paris, élève de MM. Lambinet et Harpignies, — rue Albouy, 22.

733 — *La sortie du port du Havre.* *Aquarelle.*

LEFEBVRE (Mlle JUSTINE), née au Havre, élève de MM. J. Lefébvre et Boulanger, — au Havre, quai d'Orléans, 23.

734. *Portrait de M. L***. Etude.* *Dessin.*

LEMAIRE (Mlle CAMILLE, née à Evreux, élève de MM. Lalanne et de Mlle Tribon, — faubourg Saint-Honoré, 229.

735 — *Pivoines et cytise.* *Aquarelle.*

LÉOFANTI (Adolphe), né à Rennes, élève de Picot et de Lanno, — impasse du Maine, 9.

736 — *Les progrès en Bretagne. Dessin allégorique.*

LE PERRIER (Mlle Alice), née au Havre, — rue Jules-Lecesne, 53, Havre.

737 — *Portrait de Mme T***.* *Aquarelle.*

738 — *Un coin de serre.* *Aquarelle.*

739 — *Fleurs du printemps.* *Faïence.*

LEPIC (Ludovic-Napoléon), né à Paris, élève de M. Cabanel, — **EX.**, — chez M. Mary, rue Chaptal, 26.

740 — *Un yacht.* *Aquarelle.*

741 — *Devant Dordrecht.* *Aquarelle.*

LE ROUX (Mlle Jeanne), née au Havre, élève de M. Ch. Lhullier, — rue des Elus, 17.

742 — *Fleurs des champs.* *Aquarelle.*

743 — *Chrysanthèmes.* *Aquarelle.*

LOS RIOS (Ricardo de), né à Valladolid (Espagne), élève de Pils, — rue de Châteaudun, 46.

744 — *Prélude*, d'après C. S. Pearce. *Eau-forte.*

745 — *La femme aux seaux*, d'après H. Lerolle. *Eau-forte.*

MADELAINE (Gabriel), né à Vire, élève de Lenordez, — Houlgate-sur-Mer, rue des Bains, 3.

746 — *Le bief du Drochon, à Beuzeval.* *Fusain.*

747 — *Marine* *Fusain.*

MADELAINE (Mlle Gabrielle), née à Caen, élève de son père, — Houlgate-sur-Mer, rue des Bains, 3.

748 — *Coin de ferme en Normandie.* *Fusain.*

MANTELET-GOGUET (ALBERT), né à Paris, élève de H. Lehmann et Hébert, — rue Cauchois, 15.

749 — *Chez l'écrivain public ; un passage délicat.* *Pastel.*

MARTIN (EUGÈNE-PROSPER), né au Havre, élève de L. Coignet et E. Hébert, — au Havre, rue Bernardin-de-Saint-Pierre, 2.

750 — *Autour du Havre.* *Eaux-fortes.*

MINOT (Mlle BLANCHE), née à Charenton (Seine), élève de Mlle L. Mercier, — à Charenton, rue Gabrielle, 43.

751 — *Plantes d'eau.* *Carton.*

MOREAU-VAUTIER (CHARLES), né à Paris, élève de M. Gérome, — boulevard Montparnasse, 81.

752 — *Derrière l'éventail.* *Pastel.*

MORIA (Mlle BLANCHE-ADÈLE), née à Paris, élève de MM. T. Robert Fleury, Lefebvre et Boulanger, — rue Milton, 19.

753 — *Une parisienne.* *Pastel.*

NICOLLE (ÉMILE-FRÉDÉRIC), né à Rouen, élève d'E. Bérat, — ✿, — à Rouen, rue du Champ-des-Oiseaux, 68 *bis.*

754 — *L'épi de Bohême, à Saint-Valery-en-Caux.* *Dessin.*

755 — *Notre-Dame de Paris, vue prise de la rue Bellay.* *Gravure à l'eau-forte.*

756 — *Rouen, vue prise de la rue Louis-Bouilhet.* *Gravure à l'eau-forte.*

(Appartient à M. Baschet, éditeur.)

NOZAL (ALEXANDRE), né à Paris, élève de M. Luminais, — **H. C.**, — rue La Fontaine, 26.

757 — *Effet de nuit en Brenne-Berri.* *Pastel.*

758 — *Maisons à Etretat.* *Pastel.*

OLLENDON (Mme D'), née à Poitiers, élève de M. Penet, — rue de Grenelle, 3.

759 { *Jeune Vénitienne.* *Email.*
Fleurette. *Email.*
Cléopâtre. *Email.*

760 { *Ondine.* *Email.*
Le chapeau bleu. *Email.*
La messagère des tempêtes. *Email.*

PELISSIER (Jean-Joseph), né à Paris, élève de MM. Signol et Gérome, — rue Mayet, 10.

761 — *Barrage du Loing, à Montigny-sur-Loing (Seine-et-Marne).* *Aquarelle.*

762 — *Falaises éboulées, à Boulogne-sur-Mer, marée basse.* *Aquarelle.*

POIRIER (Paul-Théodore), né à Paris, élève de Cormon, — rue Rodier, 62.

763 — *Souvenir.* *Pastel.*

POMEY (Mlle Thérèse), née à Paris, élève de son père, — boulevard Lannes, 39.

764 — *Il pleut, bergère !* *Dessin aux trois crayons.*

PRADELLES (Mlle Eva), née à Bordeaux, élève de son père, — à Bordeaux, rue des Trois-Conils, 46.

765 — *Environs de Bordeaux.* *Aquarelle.*

PRUNIER (Gaston), né au Havre, élève de MM. Lhullier, Cabanel et Collin, — avenue du Maine, 52.

766 — *Les bords de la Seine, à Auteuil.* *Aquarelle.*

PYT (Mme, née Gibert), née au Havre, élève de MM. C. Lhullier, A. Millet, B. Constant, — au Havre, rue Séry, 41.

767 — *Portrait de M. P***.* *Dessin.*

RIGOLOT (Albert-Gabriel), né à Paris, élève de M. Allongé, — rue Brézin, 25.

768 — *Le Trin-Clin, près la Pierre-qui-Vire. Morvan.* *Fusain.*

RIOU (Edouard), né à Saint-Servan (Ille-et-Vilaine), élève de Daubigny, — ✻, — rue Lemercier, 26.

769 — *Rapide de la première cataracte du Nil, près d'Assouan (Haute-Egypte).* *Pastel.*

770 — *Caravane dans le désert, un jour de Kamsin (canal de Suez).* *Pastel.*

RIVOIRE (François), né à Lyon, élève de l'école des Beaux-Arts de Lyon, — **EX.**, — rue Bréda, 15.

771 — *Fleurs du printemps.* *Aquarelle.*

772 — *Œillets.* *Aquarelle.*

SAFFRAY (Henri-Alexandre), né à Montivilliers, — élève de l'École municipale du Havre, — rue Lemercier, 85.

773 — *Le Havre, avant-port.* *Aquarelle.*

774 — *Paris, la Cité, soir.* *Aquarelle.*

SCHLÉSINGER (Henri), né à Francfort-sur-Mein (Prusse), naturalisé français, élève de l'Académie de Vienne (Autriche), — **H. C.**, — ✻, — rue Treilhard, 15.

775 — *Au coin du feu.* *Aquarelle.*

SIMON (Mme Adèle), née à Paris, élève de Mme Colin-Libour, — rue des Martyrs, 41.

776 — *Livres et œillets.* *Aquarelle.*

SIMON (Ernest-Constant), né à Paris, élève de MM. Dardoise, Cabanel et Carolus-Duran, — rue Coëtlogon, 4.

777 — *Une rue à Alger.* *Aquarelle.*

778 — *Intérieur, à Carolles (Manche).* *Aquarelle.*

SIMON (J.-B. Léon), né à Metz, élève de M. Migette, — à Metz, rue du Moyen-Pont, et à Paris, chez M. Simon, rue St-Honoré, 203.

779 — *La Moselle, près Frouard.* *Fusain.*

780 — *Sous bois, près Beaufort (Duché de Luxembourg).* *Fusain.*

SOYER (Mlle AMÉLIE-PAULINE), née à Paris, élève de Mlle Joannis, — rue Saint-Sauveur, 4 *bis*.

781 — *Copie d'un portrait ancien.* *Porcelaine.*

TIMMERMANS (LOUIS), né à Bruxelles, élève de l'École des Beaux-Arts de Bruxelles et de M. Portaels, — rue Aumont-Thiéville, 2.

782 — *La Tamise ; environs de Londres.* *Aquarelle.*

TRIPONEL (Mme MARIE), née à Mulhouse, élève de MM. Meyer et Palandre, — à Versailles, rue de Beauvau, 1.

783 — *Callas.* *Faïence.*

TROUPEAU (FERDINAND), né à Bordeaux, élève d'U. Butin, rue Jacquemont, 1.

784 — *Pensées et giroflées.* *Gouache.*

TROUVILLE (HENRI), né à Loudun, à Barbizon (Seine-et-Marne)

785 — *Chemin des artistes.* *Fusain.*

VAN-DER-BOS (GEORGES-PIERRE-MARIE), né à Gand, — élève de M. J. Lefebvre, rue de Douai, 63.

786 — *Recueillement.* *Dessin.*

VAUTHIER PIERRE-LOUIS), né à Pernambuco (Brésil), élève de Lalanne, — rue Molitor, 18.

787 — *En Bretagne.* 4 *Aquarelles.*

788 — *Le canal Saint-Denis.* 2 *Aquarelles.*

VENAT (Mlle ISABELLE), née à Pau, élève de Barrias, — rue de Clichy, 15.

789 — *Théodora.* *Pastel.*

VIGNAL (BERTHE), née à Bordeaux, — rue Vaneau, 36.

790 — *En Tunisie.* *Fusain.*

791 — *Une vue d'Espalion.* *Fusain.*

WAGREZ (Jacques), né à Paris, — élève de Pils et de H. Lehman, — **EX** — rue du Val-de Grâce, 6.

792 — *La première rencontre (Florence XV siècle).* *Aquarelle.*

WESTFELT (Ingeborg de) né à Stockholm, — rue Notre-Dame-des-Champs, 77.

793 — *Coucher de soleil.* *Pastel.*

794 — *Effet de soir.* *Fusain.*

WYLD (William), né à Londres, — **H. C.**, — ✻, — rue Blanche, 27.

795 — *La lagune, à Venise.* *Aquarelle.*

SCULPTURE

ANCILLOTTI (TORELLO), né à Florence, élève de l'Académie de Florence (Italie), — rue Pigalle, 66.

796 — *Spahis mourant. Buste terre cuite*, 1re *épreuve.*

BLOCH (Mme ELISA), née à Breslau (Silésie), naturalisée française, — rue Jouffroy, 42.

797 — *Précieuses ridicules (scène VII, Molière).*

798 — *Avant.* } *Scènes de comédie italienne.*

799 — *Après.* } *Groupes, terre cuite.*

BOHN (LÉON), né à Bar-le-Duc (Meuse), élève de J. Debay, — passage des Favorites, 29.

800 — *La cigale, buste décoratif. Terre cuite.*

801 — *Renard, buste décoratif Terre cuite.*

BOURGEOIS (MAXIMILIEN), né à Paris, élève de M. Jouffroy et de M. Thomas, — **H. C.**, — ✻.

802 — *Portrait de Mme E. D***.*
Plessier, ancien député.
Louis Brun, sauveteur rouennais.
Trois médailles, bronze.

CHATROUSSE (EMILE), né à Paris, élève de Rude, — **H. C.**, ✻, — boulevard d'Enfer, 253.

803 — *Printemps. Statuette, marbre.*

804 — *La lecture. Statuette, terre cuite.*

4

COUTURIER (PHILIBERT-LÉON), né à Châlon-sur-Saône, élève de Couturier et Picot, — **H. C.**, — Saint-Quentin (Aisne), quai du Port-Gayant, 7.

805 — *Animaux de basse-cour, cache-pots.* *Céramique.*

806 — *Animaux de basse-cour, cache-pots.*

DEVAUX (FRANÇOIS-ALEXANDRE), né à Fécamp, élève de l'école municipale de Rouen, — à Rouen, rue de la Croix-Verte, 6.

807 — *Jules Claye.* *Buste marbre.*

(Appartenant à Mme Perche.)

808 — *Louis Brune, sauveteur rouennais,* modèle du buste érigé à Rouen, sur les quais. *Buste plâtre.*

FRANCESCHI (JULES), né à Bar-sur-Aube (Aube), élève de Rude, — **H. C.**, — ✻, — rue de La Rochefoucauld, 17.

809 — *Hébé et l'aigle de Jupiter.* *Groupe en bronze.*

810 — *Le réveil.* *Bronze.*

GATÉ (CAMILLE), né à Nogent-le-Rotrou, — à Nogent-le-Rotrou, rue St-Hilaire, 54.

811 — *Aux rats ! (Chiens).* *Groupe fonte malléable.*

Aux rats ! l'un d'eux est déjà pris,
Il faut les autres à tout prix.
La chienne s'allonge et les flaire,
Son corps très souple est étendu.
Dans un mouvement éperdu
D'instinct cruel et de colère
Le chien regarde tout béant :
Il médite son coup de dent,
Sa patte est à demi dressée,
Il va bondir, il est tout prêt,
Sa haine implacable apparaît
Dans sa narine un peu froncée ;
Guerre aveugle ! humbles ennemis,
Qu'importe si l'artiste a mis
Dans l'œuvre entière tant de flamme
Que sous l'ébauchoir enchanté
La bête arrive à la beauté
Et que l'instinct devient une âme.

(Emile HINGELIN.)

GUILLON (AUGUSTE), né à Paris, élève de MM. Dumont et Millet, — rue du Mont-Cenis, 113.

812 — *Un vieux louvetier, chien Nivernois.* *Buste plâtre.*

813 — *Un importun, chat sur une tortue.* *Terre cuite.*

JACQUIER (CHARLES), né à St-Loup (Haute-Saône), élève de Dumont et Péraud, — ♕, — Caen, rue d'Auge, 32.

814 — *Grand buste de Christ.* *Plâtre*

815 — *Un fou de cour (époque Renaissance).* *Plâtre.*

LANSON (ALFRED), né à Orléans, élève de Jouffroy et de Millet, — **H. C.**, — rue Pelouse, 5.

816 — *Bacchante.* *Buste, terre cuite.*

817 — *Le Tasse enfant.* *Buste, terre cuite.*

LEFÈVRE-DESLONCHAMPS (LOUIS), né à Cherbourg, élève de Dumont, — **H. C.**, — rue des Dames, 17.

818 — *Premières joies.* *Groupe marbre.*
(Appartenant à l'État.)

819 — *Au printemps.* *Statuette, marbre.*

820 — *Jeune fille à l'épine.* *Statuette, marbre.*

821 — *Marguerite à l'église.* *Statuette, terre cuite.*

LEMAITRE (Mme EGLANTINE, née ROBERT-HOUDIN), née à Saint-Gervais (Loir-et-Cher), — à Blois, route basse de Paris, 6.

822 — *Mon concierge. Tête de chien boule-dogue.* *Plâtre.*

LEMAIRE (HECTOR), né à Lille, élève de Dumont et de M. Falguière, — **H. C.**, — rue Denfert-Rochereau, 77.

823 — *Le mariage. Bas-relief.* *Plâtre.*

LÉOFANTI (ADOLPHE), né à Rennes, élève de Picot et de Lanno, — impasse du Maine, 9,

824 — *M. et Mme Denis.* *Terre cuite.*

825 — *Dernier appel; Reichoffen.* *Bronze.*

MADELAINE (GABRIEL), né à Vire, élève de Lenordez, — Houlgate-sur-Mer, rue des Bains, 3.

826 — *Les Sauveteurs.* *Groupe en plâtre.*

. . . .
Des vies sont suspendues au bout de ce filin
Qu'un modeste héros va lancer dans l'espace.
. . . .
G. M.

MADELAINE (Mlle GABRIELLE), née à Caen, élève de son père, — Houlgate-sur-Mer, rue des Bains, 3.

827 — *Enfants et fleurs.* *Terre cuite.*

828 — *Bouquet.* *Terre cuite.*

MONCEL (ALPHONSE-EMMANUEL), né à Paris, élève de MM. Thomas et A. Mercié, — rue Fourcroy, 7 *bis.*

829 — *Manon.* *Buste terre cuite.*

MONLON (LÉON), né à Paris, élève de A. Millet, — au Havre, rue Jules-Lecesne, 7.

830 — *Buste d'enfant. — Mlle A. M***.*

831 — *Consoles renaissance* (2).

832 — *Mouchoir de sainte Véronique.* *Bas-relief.*

MORIA (Mlle BLANCHE-ADÈLE), née à Paris, élève de MM. Schrœder et Chapu, rue Milton, 19.

833 — *Jeune Chinoise, étude de race mêlée.*
Buste terre cuite, avec socle.

OSSEVILLE (CHRISTIAN D'), né à Caen, élève de M. C. Jacquier, — à Le Fresne-Carnilly (Calvados).

834 — *Portrait de Mme la comtesse d'O***.* *Buste plâtre.*

PEYROL — (FRANÇOIS-AUGUSTE-HIPPOLYTE), né à Paris, élève de M. P. Bonheur, — rue de Crussol, 14.

835 — *Vercingétorix devant César.* *Statuette bronze.*

« Vercingétorix redditur — arma projiciuntur. »
(JULES CÉSAR. Commentaires).

RUGA (ALEXANDRE), né à Capolago (Suisse), élève de M. Vela et de l'Académie de Milan, — à Milan, rue Bast, place Volta, 15.

836 — *Le matin.* *Buste en marbre.*

SORTAMBOSC (ALPHONSE-ÉMILE), né à Angerville-la-Martel (Seine-Inférieure), — au Havre, Grand-Quai, 71.

837 — *Portrait de M. l'abbé Cochet.* *Bois.*

838 — *Portait d'un Havrais.* *Terre cuite.*

TEMPRA (QUIRINO), né à Rome, élève de l'Académie de Milan, — à Milan, rue Bast, place Volta, 15.

839 — *Odalisca.* *Statuette, marbre.*

VAN DER STRAETEN (GEORGES), né à Gand (Belgique), — rue Vintimille, 20.

840 — *Le drame. Buste de Sarah Bernhardt.* *Plâtre.*

841 — *Rieuse.* *Terre cuite.*

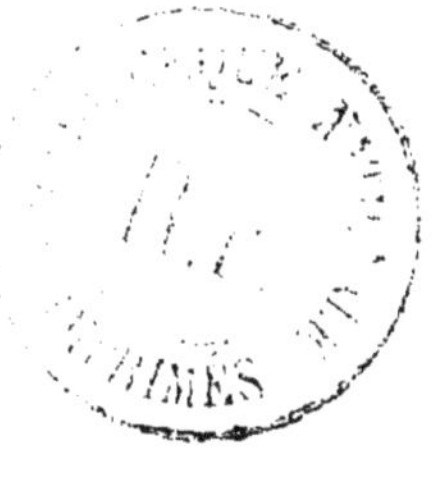

TABLE DES MATIÈRES

Havre. — Imprimerie du Commerce, 3, rue de la Bourse.

www.ingramcontent.com/pod-product-compliance
Ingram Content Group UK Ltd.
Pitfield, Milton Keynes, MK11 3LW, UK
UKHW020937180726
13838UKWH00003B/1001